D1998079

HUMMUS NEXT LEVEL

RAFIK HALABI

HUM MUS NEXT LEVEL

VON EINFACH BIS EXTRAVAGANT

50 Rezepte, die den orientalischen Klassiker neu in Szene setzen

CHRISTIAN

INHALT

Von den Kindern

Eure Kinder sind nicht eure Kinder.
Sie sind die Söhne und die Töchter der Sehnsucht
des Lebens nach sich selber.
Sie kommen durch euch, aber nicht von euch,
und obwohl sie mit euch sind, gehören sie euch doch nicht.

Ihr dürft ihnen eure Liebe geben,
aber nicht eure Gedanken,
denn sie haben ihre eigenen Gedanken.
Ihr dürft ihren Körpern ein Haus geben,
aber nicht ihren Seelen,
denn ihre Seelen wohnen im Haus von morgen,
das ihr nicht besuchen könnt,
nicht einmal in euren Träumen.

Ihr dürft euch bemühen, wie sie zu sein,
aber versucht nicht, sie euch ähnlich zu machen.
Denn das Leben läuft nicht rückwärts,
noch verweilt es im Gestern.

Ihr seid die Bogen, von denen eure Kinder
als lebende Pfeile ausgeschickt werden.
Der Schütze sieht das Ziel auf dem Pfad der Unendlichkeit,
und er spannt euch mit seiner Macht,
damit seine Pfeile schnell und weit fliegen.
Lasst eure Bogen von der Hand des Schützen auf Freude
gerichtet sein.
Denn so wie er den Pfeil liebt, der fliegt, so liebt er auch den
Bogen, der fest ist.

Khalil Gibran, libanesischer Philosoph und Dichter
(6.1.1883, † 10.4.1931)*

HUMMUS: NEXT LEVEL!

HUMMUS: NE

Dieses Kochbuch ist für mich mehr als nur eine Rezeptsammlung vieler köstlicher Gerichte, die auf die leckerste Creme der Welt gebettet werden. Dieses Kochbuch ist ein kleiner, aber feiner Querschnitt durch mein kulinarisches Unterbewusstsein. Eine Reise um die Welt und meine Erfahrungen, die ich bisher sammeln durfte.

In meinem ersten Kochbuch *Levante. Das Kochbuch* repräsentierte ich die Küche einer Region und verewigte sowohl mir bis dahin unbekannte Gerichte als auch alte Familienrezepte.

Hier geht es jedoch nicht mehr nur um die Repräsentation einer Region. Dieses Buch und die Rezepte darin spiegeln vielmehr meinen Kopf wider. Das bin zu einhundert Prozent ich – könntest aber auch zu einhundert Prozent du sein. Das Schöne an Essen ist, finde ich, dass es verbindet und man sich gegenseitig sehen und finden kann.

Diese Verbindung spüre ich auf Reisen, wenn ich für mich neue (kulinarische) Welten und Kulturen kennenlerne. Ich verspüre sie auch bei Begegnungen mit Menschen, mit denen man plötzlich tief in ein Gespräch verwickelt ist und es so scheint, als würde man sich schon ewig kennen – eine Verbindung, die sich ganz natürlich anfühlt.

Meine Sinne sind wie ein Schwamm und nehmen bewusst sowie unbewusst Einflüsse wahr. Und dabei lasse ich mich als stets neugieriger Mensch gerne inspirieren und lerne immer wieder hinzu. Das macht das Leben für mich lebenswert. Das Lernen hört nie auf! Sei es intellektuell oder emotional: Mit jeder neuen Erfahrung wachsen mein Gefühl und Verständnis für die Welt um mich herum, die im Laufe der Zeit immer tiefer in mich einsickert.

XT LEVEL!

Hummus begleitet mich bereits mein ganzes Leben lang. Im Libanon geboren und in Deutschland aufgewachsen, war die Küche meiner Mutter eine Konstante für mich, die ich mit jedem Tag mehr zu lieben lerne. Aber Kinder sind eben nicht nur die Kinder ihrer Eltern, sie sind sie selbst und entwickeln sich weiter. So kann sich auch im Laufe der Zeit die kulinarische Kreativität verändern. Ich koche wie meine Mutter – aber ich koche eben auch wie ich.

Als libanesischer Expat scheine ich im Laufe der Zeit meinem Kulturerbe etwas hinzuzufügen. Eine Art Stempel meines Unterbewusstseins, durchzogen von Emotionen und Erfahrungen. Was meine Augen sehen, spiegelt sich irgendwann in dem Essen wider, das ich koche. Ich bin mir ziemlich sicher, dass es vielen wie mir geht – wir sind auf der Suche nach unseren Wurzeln, aber ebenso nach uns selbst.

So ist nicht nur jedes Gericht in diesem Buch Ausdruck meiner Neugierde und Erfahrungen, sondern es könnte auch einen anderen Menschen irgendwo auf der Welt mit gemeinsamen Wurzeln symbolisieren. Eine neue Generation, ein neues Level.

DIE IDEE

DIE IDEE

Jedes der Rezepte in diesem Kochbuch basiert auf Hummus. Und was viele nicht wissen: »Hummus« bedeutet wortwörtlich aus dem Arabischen übersetzt »Kichererbse«. Hummus ist also eine Creme aus Kichererbsen und ist nach dieser Hauptzutat benannt.

Das Grundrezept existiert bereits seit vielen Generationen – es ist für sich perfekt und muss auch nicht verändert werden. Das Schöne an Hummus ist aber, dass es sich sehr wohl mit interkulturellen Einflüssen versteht und eine Symbiose eingehen kann, ohne sich selbst zu verlieren. So lässt sich die Kichererbsencreme auch gut mit anderen Aromen anreichern – zum Beispiel mit Roter Bete oder koreanischem Gochujang. Mir ist nur wichtig, dass Hummus dennoch immer Hummus bleibt.

Das Grundgerüst der Creme wird also niemals verändert! Dieses besteht aus zart gekochten Kichererbsen, Tahini, Zitronensaft, Knoblauch, Kreuzkümmel und Salz sowie etwas Wasser. Simpel und einfach perfekt! Wenn dir auf deiner Reise jemals ein Rezept mit Bohnen, Linsen oder sonst was anderem als Kichererbsen über den Weg läuft, kann das durchaus lecker sein, ist aber kein Hummus – Punkt!

Das bedeutet aber nicht, dass man mit Hummus nicht kreativ und spielerisch umgehen kann. Die Rezepte in diesem Kochbuch sollen dir eine Inspiration dafür sein, was man alles mit Hummus anstellen kann. So findest du hier vor allem leckere und hoffentlich inspirierende Toppings für Hummus. Also Gerichte, die wirklich wunderbar zu den Aromen der Creme passen und ihr etwas hinzufügen, ihren Geschmack abmildern oder sogar verstärken können.

Du kannst das Hummus nach wie vor pur zubereiten und als Dip genießen. Du kannst auch die einzelnen Toppings für sich kochen und genießen. In Kombination sind sie aber einfach Next Level!

BEVOR DU FRAGST – VORSPEISE ODER HAUPTGERICHT?

Das ist ganz individuell. Die Gerichte kannst du entweder als kleine Hauptspeise oder als große Vorspeise servieren. Ich habe die Rezepte immer für vier Portionen kalkuliert. Jeder isst anders und auf den Hunger kommt es auch an. Das hängt auch immer damit zusammen, wie viel Brot du dazu servierst und essen möchtest.

WIE SOLL ICH DAS ESSEN? MIT ODER OHNE BROT?

Ich bin davon überzeugt, dass du ganz intuitiv deinen Weg finden wirst, die Gerichte in diesem Kochbuch zu genießen. Nichtsdestotrotz gebe ich dir natürlich für jedes Rezept sehr gerne eine Empfehlung, welches Brot du dazu servieren kannst oder ob du das Gericht am besten einfach mit Besteck genießt.

MEINE INSPIRATIONEN

Die Rezepte in diesem Buch sind von den Erfahrungen geprägt, die ich in meinem Leben bisher machen durfte – vor allem von Begegnungen mit anderen Menschen und Reisen. Authentisch sind die Rezeptkreationen als Gesamtes, aber niemals authentisch im Sinne anderer Kulturen, von denen ich inspiriert wurde. Daher gebe ich zwar meine Inspiration dafür an, benenne das Gericht aber nicht danach. Kulturell und kulinarisch authentisch ist aber in jedem Fall mein Hummus-Grundrezept.

DIE ZUTATEN

Für ein perfektes und authentisches Hummus brauchst du nicht viele Zutaten. Es gibt aber dennoch ein, zwei Dinge beim Kauf zu beachten.

DIE ZUTATEN FÜR DEIN NEXT-LEVEL-HUMMUS

KICHERERBSEN!

Für Hummus benötigst du Kichererbsen.

Du kannst Hummus entweder aus bereits **vorgekochten Kichererbsen** aus der Dose beziehungsweise dem Glas zubereiten oder auf **getrocknete Kichererbsen** zurückgreifen.

Es gibt sehr viele Diskussionen darüber, ob Hummus wirklich nur dann authentisch ist, wenn es von Grund auf aus getrockneten Kichererbsen hergestellt wird, die erst eingeweicht und dann gekocht werden. Ich finde, das ist Haarspalterei. Natürlich gibt es geschmacklich einen sehr feinen Unterschied. Und natürlich macht es auch emotional was aus, wie viel Zeit du der Zubereitung einer solchen Köstlichkeit widmen möchtest. Fakt ist aber: Du kannst aus beiden Zutaten ein wirklich hervorragendes Hummus zaubern! Lass dich also nicht verunsichern und mach das, was für dich am besten funktioniert.

Vielleicht wunderst du dich jetzt, aber ich persönlich bereite mein Hummus in der Regel aus bereits vorgekochten Kichererbsen aus der Konserve zu. Ich spare mir damit Zeit und auch Energie. Wichtig ist dann allerdings, dass die vorgekochten Kichererbsen erneut gekocht werden. Warum? Weil handelsübliche vorgekochte Kichererbsen noch nicht weich genug für Hummus sind. Ihre Konsistenz ist genau richtig für Salate oder Eintöpfe, aber für Hummus muss diese noch weicher sein. Mehr dazu erfährst du in meiner Schritt-für-Schritt-Anleitung auf Seite 24.

TAHINI!

Tahini ist ein Mus aus gemahlenem Sesam und für Hummus unerlässlich! Es reicht auch nicht, einfach nur einen Teelöffel davon zu verwenden – da muss reichlich von dem guten Zeug in die Creme. Daher ist die Qualität auch so wichtig. Wie auch bei einer Nussbutter wird der Sesam so lange gemahlen, bis daraus ein supercremiges und sämiges Mus entstanden ist. Tahini besteht zu einhundert Prozent aus Sesam. Da kommt also sonst nichts anderes rein. Sollte auf der Zutatenliste noch irgendetwas anderes stehen – Finger weg!

Bei Tahini gibt es große Qualitätsunterschiede. Und für perfektes Hummus benötigst du eben perfektes Tahini. Ich möchte daraus keine Wissenschaft machen, daher gebe ich dir jetzt lediglich ein paar Hinweise, worauf du beim Kauf von Tahini achten solltest:

- Achte auf eine **flüssige Konsistenz.** Sollte sich das Tahini im Glas befinden und du erkennst, dass sich das Mus in Öl und Festteile aufgespalten hat, also zwei Schichten im Glas zu sehen sind, ist es kein gutes Tahini für Hummus. Natürlich kann sich mal was absetzen, aber dann sollte es sich wirklich superleicht wieder vermischen lassen und keinen Vorschlaghammer brauchen.

- Achte auf die **Verpackung:** Tahini sollte, wie auch Öle, **vor Licht geschützt** sein. Ich kaufe daher ausschließlich Tahini in undurchsichtigen Verpackungen. Durch einen kurzen Schütteltest weiß ich direkt, wie flüssig es ist. Libanesische Marken vertreiben ihr Tahini beispielsweise ausschließlich in undurchsichtigen Kunststoffbehältern.

- Geschmack: Wenn du kannst, dann probiere das Tahini einmal pur. Gutes Tahini sollte **nicht zu bitter** sein und ist auch pur superköstlich. Eine leichte Bitterkeit ist definitiv immer da und ist auch normal, aber im Grunde sollte gutes Tahini herrlich nussig schmecken.

ZITRONE!

Hummus ohne frisch gepressten Zitronensaft ist für mich kein Hummus. Die Kichererbsencreme lebt im Mund förmlich auf durch ihre ausgeprägte, aber dennoch feine Säure. Mein Hummus-Rezept ist sehr fein abgestimmt. Am Ende entscheidest aber du selbst, wie viel Zitrone du in dein Hummus geben möchtest. Da kann man auch mal variieren, je nachdem, was du dazu essen möchtest. Dann ergibt mal mehr oder mal weniger Säure Sinn.

KREUZKÜMMEL!

Wie ich den Geschmack von Kreuzkümmel liebe! Das Gewürz, das auch Cumin genannt wird, ist essenziell für die Zubereitung von Hummus und verleiht der Creme ihren charakteristischen Geschmack. Wenn du diesen besonders intensiv magst, dann verwende ganze, frisch gemahlene Samen. Auch mit Kreuzkümmel kannst du dich etwas austesten. Je nach Geschmack darf mal mehr und mal weniger Kreuzkümmel im Hummus enthalten sein. Generell gilt: Je frischer das Pulver ist, desto intensiver schmeckt es.

KNOBLAUCH!

Eine gute Portion Knoblauch gehört in jedes Hummus. Aber wie intensiv es sein soll, entscheidest du. Ich habe mich für eine ausgewogene Portion entschieden. Wichtig ist noch zu beachten, dass Knoblauch umso milder und bekömmlicher ist, je jünger und frischer er verwendet wird. Ich kaufe daher manchmal gerne den jungen Knoblauch, der noch nicht getrocknet ist.

WASSER!

Ja, es gibt Rezepte, die sagen, dass man Hummus auf jeden Fall mit Eiswürfeln machen muss, da es sonst nicht cremig genug wird. Ganz ehrlich: Mein Hummus mache ich einfach mit einem Schlückchen kaltem Wasser, um die Konsistenz anzupassen. Je mehr Wasser, desto flüssiger wird es – ist ja logisch. Beachte nur, dass die Intensität des Geschmacks mit zunehmendem Wasseranteil abnimmt. Das ist für mich auch ein Grund, keine Eiswürfel zu verwenden, denn so habe ich mehr Kontrolle darüber, wie viel Wasser in die Creme kommt.

DAS GEHEIMNIS DER CREMIGKEIT

Es ist sehr einfach, cremiges Hummus zu machen. Wie cremig es wird, hängt von der Garstufe der Kichererbsen und von der Menge an gutem Tahini ab. Wie dein Hummus wirklich Next-Level-cremig wird, verrate ich dir in der nachfolgenden Schritt-für-Schritt-Anleitung.

SCHRITT FÜR SCHRITT

NEXT-LEVEL-SCHRITT FÜR

Hier erfährst du alles, um perfektes und supercremiges Hummus selbst zu machen. Dabei ist es wirklich egal, ob du auf bereits vorgekochte Kichererbsen zurückgreifst oder auf getrocknete, die du dann selbst kochst.

HUMMUS: SCHRITT

SCHRITT 1: KICHERERBSEN KOCHEN

MIT GETROCKNETEN KICHERERBSEN

Wenn du dein Hummus mit **getrockneten Kichererbsen** zubereiten möchtest, ist es sehr wichtig, dass du diese **mindestens 12 Stunden** in reichlich frischem Wasser **einweichen** lässt. Das verringert anschließend die Kochzeit enorm und hat auch Einfluss auf die Konsistenz der Erbsen.

Nach dem Einweichen müssen die Kichererbsen so lange gekocht werden, bis sie sich wie warme Butter zwischen den Fingern zerdrücken lassen. Füge dem Kochwasser etwas Natron oder Backpulver hinzu, denn das verkürzt die Kochzeit weiter. Ich greife zum Backpulver, da ich es immer zu Hause habe und es bereits Natron enthält.

Bei zuvor getrockneten und eingeweichten Kichererbsen beträgt die Kochzeit für Hummus etwa 70–90 Minuten (Je nach Größe der Kichererbsen). Achte darauf, dass du bei selbst eingeweichten Kichererbsen im Vergleich zu vorgekochten voraussichtlich mehr Salz, Wasser und Zitronensaft für dein Hummus benötigen wirst.

MIT VORGEKOCHTEN KICHERERBSEN

Wenn du **vorgekochte Kichererbsen** nutzen möchtest, müssen diese ebenfalls noch weicher gekocht werden. Füge dem Kochwasser etwas Natron oder Backpulver hinzu und stelle den Timer auf etwa 25 Minuten, nachdem das Wasser angefangen hat zu kochen.

Merke: Dein Hummus wird nur dann wirklich cremig, wenn du die Kichererbsen auch tatsächlich weich genug gekocht hast. Das gilt eben auch für vorgekochte Kichererbsen aus dem Supermarkt.

SCHRITT 2: KICHERERBSENHAUT ENTFERNEN

Dieser Schritt ist viel einfacher und geht schneller von der Hand, als er vielleicht auf den ersten Blick klingen mag. Auch ist dieser Schritt optional und nur dann notwendig, wenn du es wirklich ganz perfekt machen möchtest.

Nachdem du die Kichererbsen ausreichend gekocht hast, nimm den Topf mit zur Spüle und lasse kaltes Wasser hineinlaufen. Der Topf darf in der Spüle auch ruhig überlaufen, solange keine Kichererbsen mit auf Wanderschaft gehen.

Du wirst sehen, dass sich bereits die dünne Schale der Kichererbsen gelöst hat und mit dem Wasser herausfließt. Schütte die erste Fuhre Wasser ab und lasse neues Wasser in den Topf nachfließen.

Sobald das Wasser im Topf nur noch lauwarm ist, kannst du die Kichererbsen darin von Hand etwas umrühren. Dabei löst sich die Haut der Kichererbsen und schwimmt obenauf. Gieße das Wasser erneut ab. Diese Arbeitsschritte kannst du jetzt wiederholen und das Wasser immer wieder abgießen und so lange neu aufgießen, bis alle sichtbaren Häutchen weg sind. Jetzt sind die Kichererbsen bereit für das Hummus.

Wenn du die Haut entfernst, wird dein Hummus nicht nur cremiger, sondern auch bekömmlicher.

SCHRITT 3: ALLE ZUTATEN ZUSAMMENFÜGEN UND PÜRIEREN

Ich bereite mein Hummus in der Regel direkt in dem kleinen Topf zu, in dem ich die Kichererbsen auch gekocht habe.

Füge den vorbereiteten Kichererbsen Tahini, Zitronensaft, Kreuzkümmel, Salz und Wasser hinzu. Anschließend müssen die Zutaten nur noch gut püriert werden. Ich nutze hierfür in der Regel einen leistungsstarken Stabmixer, da ich damit mehr Kontrolle bei der Zubereitung habe. Das Pürieren kann, je nach Leistungsfähigkeit des Geräts, 1–2 Minuten dauern.

Nun kannst du prüfen, ob dir die Konsistenz gefällt. Falls du dein Hummus noch etwas cremiger und flüssiger haben möchtest, kannst du mit ein wenig Wasser nachhelfen.

Zum Schluss schmeckst du noch einmal fein ab und entscheidest, ob genug Salz drin ist und ob du dem Hummus nicht eventuell doch etwas mehr Säure spendieren möchtest.

SCHRITT 4: HUMMUS LAGERN ODER DIREKT SERVIEREN

LAGERN
Wenn du dein Hummus nicht direkt servieren, sondern erst in einigen Stunden oder sogar am nächsten Tag genießen möchtest, fülle es am besten in eine luftdichte Frischebox. Im Kühlschrank hält sich frisch zubereitetes Hummus etwa vier Tage. Es kann sein, dass du nach ein, zwei Tagen dem Hummus noch einmal etwas Wasser hinzufügen und es erneut cremig rühren musst.

FRISCH SERVIEREN
Wenn du dein Hummus direkt servieren möchtest, empfehle ich dir dennoch, es im Topf mit einem Deckel zu bedecken, bis du damit schöne Teller anrichtest. Das Hummus kann an der Luft leicht antrocknen oder bildet eine zarte Haut. Diese kannst du zwar wieder cremig rühren, aber das muss ja nicht sein.

Jetzt hast du perfektes Hummus zubereitet und das nächste Level kann beginnen!

HOW TO HUMMUS
Hol dir direkt vom Profi Tipps: Scanne den QR-Code und schau Rafik in seiner Hummus-Masterclass über die Schulter!

https://aktionen.verlagshaus.de/hummus-grundkurs/

DAS GRUND-
REZEPT

Hier kommt die Basis aller Rezepte im Buch: das beste, cremigste und köstlichste Hummus, das ich mir vorstellen kann. Dieses Rezept allein bildet einen der Grundpfeiler einer jeden levantinischen Tafel und ist mehr als nur ein einfacher Dip.

HUMMUS – DAS GRUNDREZEPT

Für 4 Portionen

200 g vorgekochte Kichererbsen (aus der Dose/Glas)
½ TL Backpulver
1 Knoblauchzehe
30 ml Zitronensaft, frisch gepresst
100 g Tahini
½ TL Kreuzkümmel, gemahlen
Salz
Olivenöl zum Servieren

Zubereitung

1. Die Kichererbsen in einen kleinen Topf füllen, mit reichlich Wasser bedecken und mit dem Backpulver aufkochen lassen. Für etwa 25 Minuten köcheln lassen.
2. Topf vom Herd nehmen und kaltes Wasser in den Topf laufen lassen. Etwas Wasser abschütten und wieder mit kaltem Wasser auffüllen, bis die Temperatur lauwarm ist. Anschließend mit der Hand die Kichererbsen im Wasser rühren, Topf kippen und Wasser aus dem Topf fließen lassen, um die abgelösten Schalen der Kichererbsen abzugießen. Immer wieder kaltes Wasser in den Topf laufen lassen, umrühren und wieder abgießen, bis alle sichtbaren Schalen entfernt sind.
3. Die Kichererbsen abseihen und mit Knoblauch, Zitronensaft, Tahini, Kreuzkümmel, Salz und etwa 60–70 ml kaltem Wasser in einem Mixer oder mit einem Stabmixer fein pürieren.

VEGE-
TARISCH

Als ich das erste Mal in meinem Leben Stangenbrokkoli probiert habe, war ich hin und weg. Diese Sorte ist geschmacklich eine Mischung aus Spargel und Brokkoli – zart, leicht knackig und irgendwie ganz fein im Geschmack. Dazu passt eine feurige Harissabutter und etwas Sesam sowie Frühlingszwiebeln on top – absolut köstlich!

Brot benötigst du nicht. Genieße das cremige Hummus direkt mit dem Stangenbrokkoli.

GEBRATENER STANGENBROKKOLI & HARISSABUTTER

Für 4 Portionen

300 g Stangenbrokkoli
1 Frühlingszwiebel
100 g Butter
1 ½ TL Harissa (erhältlich im orientalischen Supermarkt oder online)
Hummus nach Grundrezept (siehe Seite 32)
1 EL Sesamsamen

Zubereitung

1. Brokkoli waschen und trockentupfen.
2. Frühlingszwiebel in feine Ringe schneiden.
3. Butter in einer Pfanne auf mittlerer Stufe zerlassen und für etwa 1–2 Minuten erhitzen, bis sich ein Schaum bildet.
4. Harissa und eine Prise Salz hinzugeben und gut unterrühren.
5. Ganze Brokkolistangen hinzugeben und für etwa 5 Minuten anbraten. Zwischendurch gelegentlich wenden.

ANRICHTEN

1. Hummus auf Teller verteilen, mit Brokkoli belegen und mit Harissabutter beträufeln.
2. Mit Sesam und Frühlingszwiebelröllchen garnieren und sofort servieren.

Hier kommt ein Klassiker, der bei mir auch wirklich ständig auf den Tisch kommt. Leckeres Ofengemüse, frische Kräuter, etwas Fetakäse und eine Prise Za'atar. Perfekt für den Feierabend – es ist einfach, geht schnell und man kann auch mal mit dem verwendeten Gemüse variieren.

Hierzu esse ich am liebsten libanesisches Fladenbrot oder knuspriges Sauerteigbrot.

OFENGEMÜSE, KRÄUTER & FETA

Für 4 Portionen

FÜR DAS OFENGEMÜSE
1 Zucchini
1 rote Paprika
2 Zwiebeln
4 EL Olivenöl
Salz
frisch gemahlener Pfeffer

AUSSERDEM
Hummus nach Grundrezept (siehe Seite 32)
1 kleine Handvoll frische Minze
1 Handvoll frische glatte Petersilie
100 g Feta
4 TL Za'atar (erhältlich im orientalischen Supermarkt oder online)
Olivenöl
libanesisches Fladenbrot oder Sauerteigbrot zum Servieren

Zubereitung

OFENGEMÜSE

1. Backofen auf etwa 180 °C Umluft vorheizen.
2. Gemüse nach Wunsch in Stücke schneiden und mit Olivenöl, Salz und Pfeffer vermengen. Anschließend für etwa 20 Minuten in den Backofen geben.

ANRICHTEN

1. Minze und Petersilie grob hacken.
2. Hummus auf Teller verteilen und das Ofengemüse daraufgeben und Feta darüber zerbröseln.
3. Mit Kräutern sowie Za'atar und Olivenöl garnieren und sofort servieren.

ONSEN-TAMAGO & EINGEKOCHTE TOMATEN

Onsen-Tamago ist im Grunde genommen nichts anderes als ein pochiertes Ei. Allerdings wird dieses Ei direkt in der eigenen Schale gegart. Es handelt sich um eine japanische Spezialität, die ihren Ursprung in einer Legende hat, in der jemand Eier für eine bestimmte Zeit in einen Onsen – eine heiße Quelle – gelegt hat. Das Ergebnis: Eier mit einer sehr cremigen Konsistenz und perfekter Garstufe. Außerdem gleicht es immer einem Spektakel, wenn das Ei aufgeschlagen wird und ein bereits perfekt pochiertes Ei zum Vorschein kommt. Gebettet ist das Onsen-Tamago in diesem Gericht auf geschmorte Tomaten und natürlich Hummus. Vielleicht könnte es sogar eine Art experimentelle Shakshuka-Variante sein?

Dazu empfehle ich dir fluffiges Pita oder knuspriges Baguette.

Für 4 Portionen

FÜR DIE TOMATEN
500 g Tomaten
1 Zwiebel
1 Knoblauchzehe
50 ml Olivenöl
½ TL Harissa (erhältlich im orientalischen Supermarkt oder online), ersatzweise Chilipaste
Salz

AUSSERDEM
Hummus nach Grundrezept (siehe Seite 32)
4 Eier, Größe M, zimmerwarm
1 Frühlingszwiebel
Sojasauce, nach Bedarf
Sesamsamen
Pita oder Baguette zum Servieren

Zubereitung

EINGEKOCHTE TOMATEN

1. Tomaten würfeln.
2. Zwiebel und Knoblauch abziehen und fein hacken.
3. Olivenöl in einem kleinen Topf oder einer tiefen Pfanne erhitzen und Zwiebeln und Knoblauch für etwa 5–7 Minuten auf mittlerer Stufe darin anschwitzen.
4. Tomaten und Harissa beziehungsweise Chilipaste hinzugeben und auf mittlerer Stufe für etwa 25 Minuten einkochen.
5. Nach etwa 15 Minuten mit Salz abschmecken.

ONSEN-TAMAGO

1. 1 l Wasser zum Kochen bringen. Herd abstellen und 250 ml kaltes Wasser hinzugeben. Das Wasser sollte nun eine Temperatur von etwa 80 °C haben.
2. Eier hinzugeben und bei geschlossenem Deckel für etwa 20 Minuten darin garen.
3. Eier in eiskaltem Wasser abschrecken.
4. Die Eier können zum Anrichten wie für Spiegeleier geöffnet werden: Ei an einer Kante anschlagen, öffnen und rausgleiten lassen.

ANRICHTEN

1. Frühlingszwiebel in feine Ringe schneiden.
2. Hummus auf Teller oder Schalen verteilen und eingekochte Tomaten daraufgeben.
3. Ei aufschlagen und direkt auf die Tomaten gleiten lassen.
4. Etwas Sojasauce nach Geschmack auf das Ei geben und mit Frühlingszwiebelringen und Sesam garnieren.

Hier kommt das nächste Level eines Wassermelonensalats. Genieße den Klassiker mal ganz anders: Zur Wassermelone gesellen sich geriebener Halloumi und feines Basilikumöl. Die Krönung des Tellers ist die mexikanische Würzmischung Tajin, die aus getrocknetem Chili, Salz und dehydriertem Limettensaft besteht.

Genieße diesen Teller ohne Brot. Ziehe einfach ein Stück Wassermelone durch das cremige Hummus.

WASSERMELONE, BASILIKUMÖL, GERIEBENER HALLOUMI, TAJIN

Für 4 Portionen

FÜR DAS ÖL
200 ml Rapsöl
25 g frische Basilikumblätter
1 Glas oder Flasche, steril

AUSSERDEM
Hummus nach Grundrezept (siehe Seite 32)
600 g Wassermelone (nur das Fruchtfleisch)
200 g Halloumi
1–2 TL Tajin-Gewürzmischung (online erhältlich)

Zubereitung

ÖL

1. Rapsöl in einem Topf auf maximal 60 °C erhitzen.
2. Basilikum mit dem erhitzten Öl fein pürieren und anschließend durch ein sehr feinmaschiges Passiertuch in ein steriles Glas oder eine Flasche filtern. Dabei eventuell mit einem kleinen Löffel rühren, damit das Öl besser abfließen kann. Das Öl ist bei Zimmertemperatur etwa 4–5 Monate haltbar.

ANRICHTEN

1. Halloumi grob reiben.
2. Wassermelone von der Schale befreien und in mundgerechte Stücke schneiden.
3. Hummus auf Teller verteilen, Wassermelone darauf anrichten, mit Halloumi bestreuen und mit etwas Basilikumöl nach Geschmack beträufeln.
4. Nach Wunsch mit Tajin bestreuen und sofort servieren.

Hier bettet sich köstlicher Burrata auf konfierte Kirschtomaten mit Szechuan-Pfeffer. Dieser Pfeffer parfümiert das Essen nicht nur mit seinem außergewöhnlichen Duft, sondern verleiht auch ein sehr interessantes Kribbeln im Mund.

Ich empfehle dir dazu ein knuspriges Baguette oder Ciabatta.

BURRATA & GESCHMOLZENE KIRSCHTOMATEN MIT SZECHUAN-PFEFFER

Für 4 Portionen

3 Knoblauchzehen
400 g Kirschtomaten
150 ml Olivenöl
1 TL frisch gemahlener Szechuan-Pfeffer
1 TL Salz
1 EL Granatapfelsirup
25 g frischer Koriander
10 g Pinienkerne
4 Kugeln Burrata
Hummus nach Grundrezept (siehe Seite 32)
Baguette oder Ciabatta zum Servieren

Zubereitung

1. Knoblauch abziehen und in feine Scheiben schneiden.
2. Größere Kirschtomaten gegebenenfalls halbieren.
3. Olivenöl in einer Pfanne auf mittlerer Stufe erhitzen.
4. Knoblauch, Kirschtomaten und ½ TL Szechuan-Pfeffer sowie Salz nach Geschmack hinzugeben und etwa 20 Minuten im Öl bei niedriger Temperatur garen. Anschließend den Granatapfelsirup unterrühren.
5. Koriander grob hacken.
6. Pinienkerne in einer Pfanne ohne Fettzugabe auf hoher Stufe rösten, bis es leicht duftet und die Kerne leicht gebräunt sind. Anschließend sofort aus der Pfanne nehmen.

ANRICHTEN

1. Burrata abtropfen lassen.
2. Hummus auf Teller verstreichen.
3. Burrata in der Mitte der Teller platzieren und aufreißen.
4. Tomaten mit Öl auf dem Burrata und Hummus verteilen und mit Koriander sowie Pinienkernen garnieren.
5. Restlichen Szechuan-Pfeffer darüberstreuen und Gericht noch warm servieren.

KADAIFI-PISTAZIEN-CRUMBLE

Dieser Teller ist ein absolutes Knusperfest! Die hauchdünnen Teigfäden namens Kadaifi machen sich nicht nur perfekt in Süßspeisen, sondern auch als würziges und knuspriges Topping auf herzhaften Gerichten. Gebettet wird das Knusperspektakel auf Hummus, das mit den Aromen und der Farbe von frischen Falafeln auftrumpft.

Du kannst für diesen Teller entweder nur einen Löffel verwenden oder noch zusätzlich etwas Fladenbrot zum Schaufeln zu Hilfe nehmen.

Für 4 Portionen

FÜR DAS HUMMUS
200 g gekochte Kichererbsen
½ TL Backpulver
1 Knoblauchzehe
5 EL frisch gepresster Zitronensaft
8 EL Tahini
½ TL gemahlene Kreuzkümmelsamen
10 g frische glatte Petersilie
10 g frischer Koriander
½ TL gemahlene Koriandersamen
Salz

FÜR DEN CRUMBLE
100 g Kadaifi-Fäden
20 g Pistazienkerne
15 g Rosinen
30 g Butter
½ TL Paprikapulver
½ TL Kreuzkümmelsamen
½ TL Chiliflocken oder Pul Biber (erhältlich im türkischen Supermarkt oder online)
½ TL Bockshornkleesamen
1 TL rosa Pfeffer

AUSSERDEM
Olivenöl, nach Bedarf
frisches Fladenbrot zum Servieren

Zubereitung

FALAFEL-SPICED HUMMUS

1. Kichererbsen in einen kleinen Topf füllen, mit reichlich Wasser bedecken und mit dem Backpulver aufkochen lassen. Für etwa 25 Minuten köcheln lassen.
2. Topf vom Herd nehmen und kaltes Wasser in den Topf laufen lassen. Etwas Wasser abschütten und wieder mit kaltem Wasser auffüllen, bis die Temperatur lauwarm ist. Anschließend mit der Hand die Kichererbsen im Wasser rühren, Topf kippen und Wasser aus dem Topf fließen lassen, um die abgelösten Schalen der Kichererbsen abzugießen. Immer wieder kaltes Wasser in den Topf laufen lassen, umrühren und wieder abgießen, bis alle sichtbaren Schalen entfernt sind.
3. Kichererbsen abseihen und mit den restlichen Zutaten für das Hummus sowie 60 ml Wasser fein pürieren.

KADAIFI-CRUMBLE

1. Für den Crumble Kadaifi mit den Händen in kleine ungleichmäßige Fäden zupfen, grob hacken und auflockern.
2. Pistazien hacken.
3. Rosinen grob hacken.
4. Butter in einer Pfanne auf mittlerer bis hoher Stufe zerlassen. Anschließend alle Gewürze für den Crumble in die Butter geben und etwa 30 Sekunden unter Rühren aufschäumen lassen.
5. Kadaifi-Fäden und Pistazien hinzugeben und mit zwei Gabeln immer wieder unterheben und auflockern. Insgesamt für etwa 4 Minuten anrösten.
6. Rosinen unterheben und alles abkühlen lassen.

ANRICHTEN

Hummus auf Teller oder Schalen verteilen, mit dem Kadaifi-Crumble toppen und nach Wunsch mit Olivenöl beträufeln. Sofort frisch servieren.

Dieser Rote-Bete-Salat ist für sich selbst schon ein kleines Highlight – fein abgeschmeckt mit frischen Kräutern, Salzgurke und aromatischen Datteln. Dazu gibt es einen veganen Kaviar aus Senfsaat und ein perfekt gekochtes Ei.

Dazu empfehle ich dir fluffiges Pitabrot, libanesisches Fladenbrot oder knuspriges Sauerteigbrot.

ROTE-BETE-SALAT, SENFKAVIAR, DATTEL & EI

Für 4 Portionen

FÜR DEN SENFKAVIAR
50 g gelbe Senfkörner
70 ml Weißweinessig
25 g Zucker
½ TL Salz

FÜR DEN SALAT
300 g Rote Bete, gekocht
10 g frischer Dill
10 g frische Minze
2 Medjool-Datteln
1 Salzgurke
3 EL Olivenöl
1 EL Weißweinessig
Salz
frisch gemahlener Pfeffer

AUSSERDEM
Falafel-spiced Hummus (siehe Seite 50)
4 Eier
Pita, libanesisches Fladenbrot oder knuspriges Sauerteigbrot zum Servieren

Zubereitung

SENFKAVIAR

1. Senfkörner in einen kleinen Topf geben und mit reichlich Wasser bedecken und aufkochen. 5 Minuten kochen, abseihen und Senfkörner erneut mit reichlich Wasser aufkochen. Diese Arbeitsschritte insgesamt dreimal durchführen.
2. Weißweinessig mit Zucker und Salz in einen kleinen Topf geben und erhitzen. Dabei so lange rühren, bis sich Zucker und Salz aufgelöst haben. Anschließend direkt vom Herd nehmen.
3. Abgeseihte Senfkörner mit Wasser abschrecken. Anschließend in ein steriles Glas geben und mit dem Essiggemisch übergießen. Der Senfkaviar ist gut verschlossen mehrere Wochen bei Raumtemperatur haltbar.

EIER KOCHEN

1. Eier je nach Größe für etwa 6 ½–7 Minuten hart kochen, abschrecken und schälen.

ROTE-BETE-SALAT

1. Rote Bete fein würfeln.
2. Kräuter hacken.
3. Datteln entkernen und würfeln.
4. Salzgurke klein würfeln.
5. Alle Zutaten für den Salat miteinander vermengen und mit Essig, Öl, Salz und Pfeffer anmachen.

ANRICHTEN

1. Hummus auf Teller verteilen und mit Salat toppen.
2. Eier halbieren und auf den Salat legen.
3. Jeden Teller mit etwa 2 TL Senfkaviar garnieren und Gericht servieren.

Was hier vielleicht etwas wild zusammengewürfelt klingt, passt aromatisch wunderbar zusammen. Ein köstlicher Teller für die kalte Jahreszeit mit karamellisierten Maronen, Birne, Rotkohl und knusprigen Spekulatius-Krümeln. Hummus geht eben auch weihnachtlich!

MARONE, BIRNE, SPEKULATIUS & ROTKOHL

Für 4 Portionen

1 Birne
200 g vorgegarte Maronen
1 EL Olivenöl
20 g Zucker
1 unbehandelte Zitrone
30 g Gewürz-Spekulatius
150 g Rotkohl (aus dem Glas)
Hummus nach Grundrezept (siehe Seite 32)

Zubereitung

1. Birne entkernen und in Schnitze schneiden.
2. Maronen halbieren oder nach Wunsch vierteln.
3. Olivenöl in einer Pfanne auf mittlerer bis hoher Stufe erhitzen und die Maronen mit dem Zucker darin für etwa 1 Minute schwenken, bis sich der Zucker aufgelöst hat.
4. Birne hinzugeben und für weitere 3–4 Minuten anbraten.
5. Zitrone gut waschen und die Schale über die Maronen und Birne abreiben, kurz durchschwenken und anschließend die Pfanne vom Herd nehmen.
6. Kekse zerkrümeln.

ANRICHTEN

1. Rotkohl abtropfen lassen.
2. Hummus auf Schalen oder Teller verteilen.
3. Mit Rotkohl toppen und anschließend die Maronen und Birnen daraufgeben.
4. Mit Spekulatius-Krümeln und dem Rest der Zitronenzeste garnieren.

Sabich ist eigentlich ein levantinisches Sandwich. Da landen frittierte Auberginenscheiben, gekochte Eier, Tomaten, Gurke sowie Hummus, Tahinicreme und die aromatische Mangosauce Amba in fluffigem Pitabrot. Diese Version ist etwas dekonstruiert, schmeckt aber genauso fantastisch!

Natürlich empfehle ich dir dazu fluffiges, warmes Pitabrot.

SABICH-STYLE: FRITTIERTE AUBERGINE, EI, TOMATEN-GURKEN-SALAT & AMBA

Für 4 Portionen

FÜR DAS AMBA
150 g Mango (nur Fruchtfleisch, z. B. TK. Falls TK, aufgetaut)
½ TL Bockshornkleesamen
½ TL Senfsamen
½ Knoblauchzehe
15 ml frisch gepresster Zitronensaft
1 EL Olivenöl
1 TL Kurkumapulver
½ TL gemahlene Kreuzkümmelsamen
1 TL Harissapaste (erhältlich im orientalischen Supermarkt oder online)
1 EL Rotweinessig
Salz

FÜR DIE TAHINICREME
35 g Tahini
15 ml frisch gepresster Zitronensaft
Salz

FÜR DAS SABICH
1 Aubergine
2–3 EL Olivenöl
4 Eier
½ Salatgurke
8 Kirschtomaten
2 Handvoll frische glatte Petersilie

AUSSERDEM
Hummus nach Grundrezept (siehe Seite 32)
Pita zum Servieren

Zubereitung

AMBA

1. Mango gegebenenfalls schälen und das Fruchtfleisch vom Kern schneiden.
2. Bockshornklee- und Senfsamen kurz in einer Pfanne ohne Öl anrösten.
3. Knoblauch abziehen.
4. Alle Zutaten für das Amba vermischen und pürieren. Anschließend in ein verschließbares Glas geben. Frisch zubereitetes Amba ist etwa 5 Tage im Kühlschrank haltbar.

TAHINICREME

1. Tahini mit 30 ml Wasser, Zitronensaft und Salz zu einer glatten, flüssigen Creme verquirlen.

SABICH

1. Aubergine in fingerdicke Scheiben schneiden, auf Küchenpapier auslegen und salzen. Nach 10 Minuten das Wasser von den Schnittflächen abtupfen.
2. Öl in einer Pfanne erhitzen und die Auberginen von beiden Seiten goldbraun braten. Gebratene Auberginen anschließend auf Küchenpapier ablegen.
3. Eier etwa 7 Minuten (nach Wunsch auch länger) in Wasser hart kochen, abschrecken und pellen.
4. Gurke und Tomaten in Würfel schneiden. Petersilie zupfen und grob hacken.

ANRICHTEN

1. Hummus auf Teller verteilen und mit Aubergine, Tomate, Gurke und Ei belegen.
2. Tahinicreme und Amba auf die Teller geben und mit Petersilie garnieren.

GEBRATENE AUSTERNPILZE, FETA, TOMATENWÜRFEL, ROTKOHL & NACHOS

Dieser Teller verdient sich den Titel als »Loaded Plate«, denn hier ist eine ganze Menge los. Neben den scharf angebratenen, marinierten Austernpilzen gesellen sich zum Hummus noch ein frischer Rotkohlsalat, würziger Feta und fruchtige Tomaten hinzu.

Knusprige Nachos eignen sich hier besonders gut als Beilage.

Für 4 Portionen

FÜR DIE AUSTERNPILZE

- 1 Knoblauchzehe
- 2 EL frisch gepresster Zitronensaft
- 1 EL Apfelessig
- 4 EL Olivenöl plus 2 EL zum Anbraten
- 1 TL Harissa (erhältlich im orientalischen Supermarkt oder online)
- ¼ TL Gewürznelken, gemahlen
- 1 TL Salz
- ½ TL Kreuzkümmelsamen, gemahlen
- ½ TL Zimt
- 1 TL Sumach (säuerlich-herbes Gewürz aus den Steinfrüchten des Färberbaums, erhältlich im orientalischen Supermarkt oder online)
- 400 g Austernpilze

Zubereitung

AUSTERNPILZE

1. Für die Marinade den Knoblauch abziehen und fein reiben. Anschließend zusammen mit den Flüssigkeiten und Gewürzen in einer Schüssel vermengen und die Austernpilze kräftig unterheben, sodass sie von allen Seiten mit der Marinade überzogen sind. Für 15 Minuten ziehen lassen.
2. 2 EL Olivenöl in einer Pfanne auf hoher Stufe erhitzen und die marinierten Pilze darin für etwa 4 Minuten anbraten. (Für eine intensivere Röstung die Pilze mit einem Pfannenwender andrücken. Anschließend auf mittlere Stufe stellen und weitere 2 Minuten garen.)

FÜR DEN ROTKOHL
200 g frischer Rotkohl
3 EL Apfelessig
3 EL Olivenöl
1 TL getrocknete Minze
Salz
frisch gemahlener Pfeffer

AUSSERDEM
Hummus nach Grundrezept (siehe Seite 32)
150 g kleine Tomaten
100 g Feta
Nachos
Olivenöl, nach Geschmack

ROTKOHL

1. Für den Rotkohl diesen fein schneiden und mit Apfelessig, Olivenöl, Minze sowie Salz und Pfeffer in eine Schüssel geben. Kurz mit den Händen weich massieren, um alle Zutaten zu vermengen (dabei am besten Handschuhe tragen, damit sich die Hände nicht verfärben).

ANRICHTEN

1. Tomaten in mundgerechte Stücke schneiden.
2. Hummus auf Teller verteilen und mit Pilzen, Rotkohl und Tomaten toppen.
3. Feta über den Tellern zerbröseln, mit Olivenöl beträufeln und mit Nachos servieren.

Diese Kombination ist so einfach und doch so unglaublich lecker, dass ich sie mir tatsächlich in den letzten Jahren schon oft gezaubert habe. Dieses Gericht geht schön schnell und eignet sich hervorragend für ein leckeres Feierabendessen auf der Couch.

Bei diesem Teller kannst du dich austoben: Ob Fladenbrot, Baguette, Nachos oder Cracker – alles davon passt perfekt. Wähle also, wonach dir gerade am meisten ist.

AVOCADO-TOMATEN-SALAT & FETA

Für 4 Portionen

FÜR DEN SALAT
1 Tomate
½ Zwiebel
1 Avocado
2 EL frisch gepresster Limettensaft
1 EL Olivenöl plus mehr zum Servieren
1 EL Schwarzkümmelsamen
Salz
frisch gemahlener Pfeffer

AUSSERDEM
Hummus nach Grundrezept (siehe Seite 32)
100 g Feta
Brot, Nachos oder Cracker zum Servieren

Zubereitung

1. Tomate würfeln.
2. Zwiebeln abziehen, halbieren und in feine Halbringe schneiden.
3. Avocado halbieren, entkernen, Fruchtfleisch aus der Schale lösen und in Würfel schneiden.
4. Avocado, Tomate und Zwiebel miteinander vermengen.
5. Limettensaft und 1 EL Olivenöl zur Mischung geben und unterheben.
6. Mit Salz und Pfeffer abschmecken.

ANRICHTEN

1. Hummus auf Teller verteilen.
2. Mit Avocado-Tomaten-Salat toppen.
3. Feta darüber zerbröseln und mit Schwarzkümmel garnieren.
4. Nach Wunsch mit Olivenöl beträufeln und mit Brot, Crackern oder Nachos servieren.

Dieses Auberginen-Schnitzel habe ich schon mehrfach in diversen Kombinationen serviert. Die Aubergine ist außen schön kross und im Inneren herrlich weich und cremig. Das passt perfekt zum Hummus. Für noch mehr Umami-Geschmack kommen außerdem ein gekochtes Ei, eingelegte Zwiebeln mit Sumach und frittierte Kapern on top.

Genieße den Teller ohne Brot und ziehe die Komponenten durch das Hummus.

AUBERGINEN-SCHNITZEL, EINGELEGTE ZWIEBELN, EI & KAPERN

Für 4 Portionen

FÜR DIE ZWIEBELN
1 Zwiebel
2 EL Apfelessig
1 EL Zucker
1 Prise Salz
1 TL Sumach (säuerlich-herbes Gewürz aus den Steinfrüchten des Färberbaums, erhältlich im orientalischen Supermarkt oder online)

FÜR DIE KAPERN
Pflanzenöl zum Frittieren nach Bedarf
30 g Kapern

FÜR DIE AUBERGINEN-SCHNITZEL
1 Aubergine
2 EL Weizenmehl Type 405
1 TL gemahlener Zimt
2 TL Salz
1 Ei
5 EL Panko-Paniermehl
Pflanzenöl zum Frittieren nach Bedarf

AUSSERDEM
2 Eier
Hummus nach Grundrezept (siehe Seite 32)

Zubereitung

ZWIEBELN

1. Zwiebel abziehen und in feine Ringe schneiden.
2. Apfelessig mit Zucker, Salz, Sumach und 2 EL Wasser in einer Schüssel verrühren. Die Zwiebelringe hineingeben und von allen Seiten mit der Marinade bedecken. Zwiebeln für mindestens 30 Minuten marinieren.

KAPERN

1. Ausreichend Öl nach Bedarf in einer Pfanne erhitzen und Kapern für etwa 20–30 Sekunden bei etwa 165 °C darin frittieren.

AUBERGINEN-SCHNITZEL

1. Für die Schnitzel die Aubergine waschen und in 1 cm dicke Scheiben schneiden.
2. Das Mehl mit dem Zimt und dem Salz mischen und auf einen Teller geben. Das Ei verquirlen und in einen zweiten tiefen Teller geben. Panko ebenfalls auf einen weiteren Teller geben.
3. Die Auberginenscheiben nacheinander erst in der Mehlmischung, dann im Ei und zuletzt im Panko wenden – dabei das Paniermehl leicht andrücken.
4. Das Öl in einer Pfanne erhitzen und die panierten Auberginen darin in etwa 2 Minuten von jeder Seite knusprig braten.

ANRICHTEN

1. Eier je nach gewünschtem Gargrad kochen (z. B. 6 ½ Minuten für weich, 7 Minuten für wachsig). Anschließend abschrecken, schälen und halbieren.
2. Hummus auf Teller verteilen und mit Auberginen-Schnitzeln und je einem halben Ei belegen.
3. Teller mit den eingelegten Zwiebeln und frittierten Kapern garnieren und sofort servieren.

Dieses Topping für das Hummus ist im Grunde genommen von einem milden Feigensenf inspiriert. Ich habe die Idee übernommen und dekonstruiert. Das Ergebnis ist ein köstlicher Teller mit frischen Feigen, Senfkaviar und einem Honig-Senf-Dressing. Für etwas Feuer sorgt rote Chili, während geriebener Parmesan das Gericht mit einer extra Portion Umami abrundet.

Du kannst diese köstliche Vorspeise entweder ganz pur genießen oder die einzelnen Komponenten auf ein Stück knuspriges Brot geben und so zu einem perfekten Bissen machen.

FRISCHE FEIGEN, PARMESAN, SENFKAVIAR & HONIG-SENF-DRESSING

Für 4 Portionen

FÜR DAS DRESSING
1 EL mittelscharfer Senf
1 EL flüssiger Honig
3 EL Olivenöl
1 EL Weißweinessig
½ TL gemahlene Kardamomkapseln
Salz
frisch gemahlener Pfeffer nach Bedarf

FÜR DAS TOPPING
4 EL Senfkaviar (siehe Seite 53)
1 rote Chili
4 frische Feigen
50 g Parmesan plus mehr nach Bedarf

AUSSERDEM
Hummus nach Grundrezept (siehe Seite 32)
Brot zum Servieren (optional)

Zubereitung

DRESSING

1. Für das Dressing alle Zutaten miteinander vermengen.

TOPPING

1. Chili falls gewünscht entkernen und in Ringe schneiden.
2. Feigen vierteln.

ANRICHTEN

1. Hummus auf Teller verteilen und mit Feigen belegen.
2. Senfkaviar darauf platzieren und mit dem Dressing beträufeln.
3. Parmesan über die Teller reiben, mit Chili garnieren und servieren.

TIPP

Ich empfehle, für dieses Gericht die Chilis nicht zu entkernen und die Schärfe mitzunehmen. Das rundet den Geschmack wunderbar ab.

So sieht gerne mal ein spätes Frühstück am Wochenende bei mir aus. Statt Brötchen und Co. gibt es dann Hummus mit Ei, eingelegten Salzgurken, Tomaten und Kräutern. Schmeckt nicht nur fantastisch, sondern gibt auch viel Energie für den Tag.

Mit libanesischem Fladenbrot oder fluffigem Pitabrot lässt sich der Teller am besten leer putzen.

WACHSEI, SALZGURKE, TAHINICREME, KRÄUTER & OLIVENÖL

Für 4 Portionen

FÜR DAS TOPPING
4 Eier
4 Salzgurken
10 g frische glatte Petersilie
10 g frische Minze
2 Tomaten
Olivenöl (optional)

FÜR DIE TAHINICREME
35 g Tahini
15 ml frisch gepresster Zitronensaft
Salz

AUSSERDEM
Hummus nach Grundrezept (siehe Seite 32)
Pita oder libanesisches Fladenbrot zum Servieren

Zubereitung

TAHINICREME

1. Für die Tahinicreme alle Zutaten miteinander cremig verrühren.

TOPPING

1. Eier für etwa 6 ½ Minuten kochen und anschließend gut mit kaltem Wasser abschrecken und schälen.
2. Salzgurken in Scheiben schneiden.
3. Kräuter grob hacken.
4. Tomate in grobe Würfel schneiden.

ANRICHTEN

1. Hummus auf Teller verteilen und mit Tahinicreme toppen.
2. Eier halbieren und auf das Hummus legen.
3. Salzgurken und Tomaten ebenso auf dem Hummus verteilen und mit Kräutern garnieren.
4. Nach Wunsch mit etwas Olivenöl beträufeln und servieren.

WÜRZIGE AUBERGINE IN TOMATENSAUCE & JOGHURT

Für 4 Portionen

FÜR DIE AUBERGINEN
2 Auberginen
2 Knoblauchzehen
2 Tomaten
2 Zwiebeln
1 Chili
Rapsöl zum Anbraten, nach Bedarf
2 EL Olivenöl
2 EL Tomatenmark
1 TL Kurkumapulver
1 TL gemahlene Kreuzkümmelsamen
Salz
frisch gemahlener Pfeffer

FÜR DIE JOGHURTSAUCE
150 g Joghurt (10 % Fettanteil)
1 TL getrocknete Minze
1 Prise Salz

AUSSERDEM
Hummus nach Grundrezept (siehe Seite 32)
50 g Mandelkerne
Pita oder Naan zum Servieren

Zubereitung

AUBERGINEN

1. Auberginen in fingerdicke Scheiben schneiden.
2. Knoblauch abziehen und fein hacken.
3. Tomaten in halbe Scheiben schneiden.
4. Zwiebeln abziehen, halbieren und in halbe Scheiben schneiden.
5. Chili entkernen (optional) und in Ringe schneiden.
6. Reichlich Rapsöl in einer tiefen Pfanne oder einem Topf auf hoher Stufe erhitzen und die Auberginenscheiben darin für etwa 2–3 Minuten frittieren, bis sie goldbraun sind. Anschließend auf einen Teller mit Küchenpapier ablegen.
7. Olivenöl in einer Pfanne auf mittlerer bis hoher Stufe erhitzen und Knoblauch und Zwiebeln für 1–2 Minuten darin anbraten. Tomatenmark hinzugeben und verrühren.
8. Tomaten und Chili hinzugeben und für 2 Minuten mit anbraten.
9. Anschließend mit 100 ml Wasser ablöschen und die Gewürze hinzugeben. Herd auf mittlere Stufe stellen und alles für 3 Minuten köcheln lassen.
10. Aubergine hinzugeben und für 3 Minuten in der Sauce ziehen lassen.

JOGHURTSAUCE

1. Joghurt mit Salz und getrockneter Minze verrühren. Bei Bedarf 1–2 TL Wasser hinzugeben, um den Joghurt etwas flüssiger zu machen.

ANRICHTEN

1. Mandeln grob hacken.
2. Hummus auf Teller verteilen und mit den Auberginen in Tomatensauce toppen.
3. Mit Joghurtsauce beträufeln und mit den Mandeln garnieren. Sofort warm mit Pita oder Naan servieren.

Borani Banjan ist ein köstliches afghanisches Gericht aus Aubergine in Tomatensauce und frischem Joghurt als Topping. Inspiriert von dem afghanischen Klassiker habe ich diesen Teller zusammengestellt. Knackige Mandeln runden das köstliche Gericht ab.

Genieße diesen Teller am besten mit frischem Naan oder fluffigem Pitabrot.

Dieses Gericht ist sehr simpel, aber dennoch sehr facettenreich. Das Hummus bietet mit der Schärfe von Harissa einen guten Gegenpart zur milden, lieblichen Süßkartoffel. Hinzu kommt eine mit Za'atar und Salz versetzte Butter, die schön auf der Kartoffel zerläuft, während die Kresse mit ihrer frischen Schärfe den Teller geschmacklich und optisch abrundet.

Brot benötigst du hier nicht. Die Süßkartoffel wird dich schon durch das Hummus leiten.

GEBACKENE SÜSSKARTOFFELN MIT ZA'ATAR-BUTTER

Für 4 Portionen

FÜR DIE BUTTER
125 g Butter, zimmerwarm
1 ½ TL Za'atar (erhältlich im orientalischen Supermarkt oder online)
½ TL Salzflocken

AUSSERDEM
4 mittelgroße Süßkartoffeln
Hummus mit Harissa (siehe Seite 94)
frische Kresse

Zubereitung

BUTTER

1. Butter, Za'atar und Salz vermengen. In Folie oder Backpapier einschlagen und für mindestens 30 Minuten kühlen.

SÜSSKARTOFFELN

1. Backofen auf 200 °C Ober-/Unterhitze vorheizen.
2. Süßkartoffeln mit einer Gabel oder einem Messer mehrfach vorsichtig einstechen und für etwa 50–60 Minuten im Ofen backen.

ANRICHTEN

1. Hummus auf Teller verstreichen und mit gebackener Süßkartoffel belegen.
2. Süßkartoffel längs aufschneiden und mit Za'atar-Butter füllen.
3. Teller mit Kresse garnieren und sofort warm servieren.

FISCH

PULPO & TABOULÉ

Für 4 Portionen

FÜR DIE TABOULÉ
200 g frische glatte Petersilie
2 Stängel frische Minze
1 Zwiebel
3 Tomaten
40 g feiner Bulgur
6 EL frisch gepresster Zitronensaft plus mehr nach Bedarf
60 ml Olivenöl
Salz
frisch gemahlener Pfeffer
1 Prise gemahlener Zimt

AUSSERDEM
1 ganzer Pulpo (2–3 kg) oder 4 fertig gekochte Pulpo-Arme
Salz
frisch gemahlener Pfeffer
Hummus nach Grundrezept (siehe Seite 32)
Olivenöl (optional)

Zubereitung

PULPO

1. Oktopus gerade hinlegen und die Augen komplett herausschneiden.
2. Den Kopf (Mantel) auf links stülpen und die Innereien herausholen.
3. Zwischen den Armen befindet sich direkt in der Mitte der Mund, der wie ein Loch aussieht, und darin der sogenannte Schnabel. Diesen von der Gegenseite herausdrücken und entfernen.
4. Bei Verwendung von frischem Oktopus die Tentakel einige Male mit einem harten Gegenstand aufklopfen. Dabei nicht zu hart schlagen, sie sollen nur aufgelockert werden. Bei tiefgekühltem Oktopus entfällt dieser Schritt, da sich durch das Einfrieren die Textur verändert hat. Ich empfehle daher tatsächlich den gefrorenen Oktopus.
5. Reichlich Wasser in einem großen Topf aufkochen, salzen und den Herd auf mittlere Stufe stellen. Das Wasser darf nicht mehr sprudeln.
6. Den Oktopus am Kopf fassen, kurz für 3 Sekunden in das heiße Wasser eintunken und direkt wieder herausholen. Dies dreimal wiederholen und den Oktopus anschließend komplett ins Wasser geben. Den Oktopus für etwa 20 Minuten pro Pfund garen. Messertest machen: Messer ins Fleisch stechen. Wenn das Messer leicht durch- und wieder rausgeht, ist der Oktopus fertig gegart.
7. Oktopus aus dem Wasser holen und Arme separieren. Der Rest des Pulpos kann auch weiterverarbeitet werden, beispielsweise zu dem Pulpo-Ragout auf Seite 91.
8. Arme für etwa 2–3 Minuten auf den heißen Grill oder in die beschichtete Pfanne ohne Fett legen und braten. Auf Holzkohle bekommt der Pulpo die besten Aromen. Pulpo nach Belieben salzen und mit Pfeffer abschmecken.

TABOULÉ

1. Die Petersilie und die Minze waschen, trockentupfen, die Blätter von den Stängeln zupfen und fein hacken.
2. Die Zwiebel abziehen und sehr fein hacken.
3. Die Tomaten waschen, putzen und fein würfeln. Mit der Zwiebel zu den Kräutern geben.
4. Den Bulgur mit etwa 20–30 ml warmem Wasser übergießen und kurz ziehen lassen. Anschließend nach Bedarf restliches Wasser abgießen und den Bulgur zur Gemüse-Kräuter-Masse geben.
5. Den Zitronensaft und das Olivenöl hinzufügen. Alles miteinander vermengen.
6. Den Salat nach Geschmack mit Salz und Pfeffer, mit dem Zimt sowie Zitronensaft abschmecken.

ANRICHTEN

Hummus auf Teller verteilen und mit Pulpo sowie Taboulé servieren. Nach Belieben mit etwas Olivenöl garnieren.

Immer wenn ich im Restaurant Pulpo, also Oktopus, auf der Karte sehe, muss ich das Gericht bestellen. Die Zubereitung eines ganzen Pulpos ist anfangs vielleicht etwas ungewohnt, aber eigentlich ganz leicht. Mit meiner Anleitung gelingt es dir sicher, den Oktopus schön zart zu bekommen. Du kannst aber auch einfach bereits gekochte Pulpo-Arme kaufen und diese auf den Grill oder in die Pfanne legen. Dazu passen die Aromen und die Säure von Taboulé einfach perfekt.

Brot benötigst du für diesen Teller nicht, aber gönne dir dazu gern ein Glas gekühlten Rosé- oder Weißwein.

Ich liebe den Duft und Geschmack von Curry-Gerichten wirklich sehr! Dieses Gericht ist sehr schnell und einfach zubereitet – durch seine Aromen und Wärme ein richtiges Wohlfühlessen. Abgerundet wird der Curry-Lachs auf Hummus mit einer herrlich frischen Mayo mit Salzzitrone und Koriander.

Dazu empfehle ich dir libanesisches Fladenbrot, fluffiges Pitabrot oder Naan.

CURRY-LACHS-PFANNE MIT SALZZITRONEN-KORIANDER-MAYO

Für 4 Portionen

FÜR DIE MAYONNAISE
50 g Mayonnaise
15 g Salzzitrone
15 g frischer Koriander

FÜR DEN CURRY-LACHS
400 g Lachsfilet
1 Knoblauchzehe
60 ml Olivenöl
½ TL Koriandersamen
1 ½ TL Currypulver
½ TL Bockshornkleesamen
Salz
frisch gemahlener Pfeffer

AUSSERDEM
Hummus nach Grundrezept (siehe Seite 32)
1 TL Sesamsamen
Pita, Naan (siehe Seite 97) oder libanesisches Fladenbrot zum Servieren

Zubereitung

MAYO

1. Salzzitrone und Koriander hacken und unter die Mayo mischen.

CURRY-LACHS

1. Lachs trockentupfen und in grobe Würfel schneiden.
2. Knoblauch abziehen und grob andrücken.
3. Olivenöl in einer Pfanne auf mittlerer Stufe erhitzen. Knoblauch sowie Gewürze hinzugeben und für etwa 2–3 Minuten anrösten.
4. Gewürfelten Lachs hinzugeben und für etwa 4–5 Minuten von allen Seiten anbraten.

ANRICHTEN

1. Hummus auf Teller verteilen, mit Curry-Lachs toppen und mit Salzzitronen-Koriander-Mayo anrichten.
2. Mit Sesam garnieren und servieren.

CRISPY GARNELEN, CHILI-CRUNCH & SALZZITRONE

Cremig, knusprig und superwürzig: Dieser Teller hat nach dem Fotografieren wirklich nicht lange überlebt, da ich die knusprig ummantelten Garnelen sofort durch das Hummus ziehen und verspeisen musste. Ein Highlight ist hier meine Version eines Chili-Crunch-Öls mit Pul Biber und Isot Biber. Das sind zwei Sorten Chiliflocken. Isot Biber wird leicht fermentiert, hat eine rauchig-süße Note und verleiht dem Öl ein besonderes Aroma. Abgerundet wird der Teller mit dem »Parfum« von gehackter Salzzitrone.

Brot benötigst du hier nicht unbedingt. Dippe das Hummus einfach mit den knusprigen Garnelen.

Für 4 Portionen

FÜR DEN CHILI-CRUNCH
30 g frischer Ingwer
2 Knoblauchzehen
1 große Schalotte (oder 2 kleine)
1 Zimtstange
1 TL Szechuan-Pfeffer
2 Sternanis
2 Kardamomkapseln
15 g Erdnusskerne
15 g Cashewkerne
1 TL Puderzucker
10 g Röstzwiebeln
1 g Koriandersamen
10 g Sesamsamen
20 g Pul Biber
15 g Isot Biber
250 ml Rapsöl
2 EL Sojasauce

Zubereitung

CHILI-CRUNCH

1. Ingwer schälen, Knoblauch und Schalotten abziehen.
2. Ingwer, Knoblauch und Schalotten klein würfeln.
3. Zimtstange halbieren.
4. Szechuan-Pfeffer, Sternanis, Zimtstange und Kardamomkapsel leicht andrücken.
5. Erdnüsse und Cashews hacken.
6. In einer hitzebeständigen Schale gehackte Nüsse, Puderzucker, Röstzwiebeln, Koriandersamen, Pul und Isot Biber sowie Sesam miteinander vermengen.
7. Öl in einem Topf auf hoher Stufe erhitzen und Ingwer, Knoblauch und Schalotten sowie Szechuan-Pfeffer, Sternanis, Zimtstange und Kardamomkapsel hinzugeben. Anschließend Herd direkt eine bis zwei Stufen niedriger stellen und die Zutaten für etwa 4 Minuten frittieren, bis der Knoblauch braun geworden ist.
8. Topf vom Herd nehmen und die frittierten Zutaten vorsichtig in die hitzebeständige Schale zu den anderen Zutaten geben. Es »frittiert nach«. Dabei die Zutaten vorsichtig verrühren und kurz abkühlen lassen. Dann die Sojasauce unterrühren.
9. Noch heißes Chili-Crunch in sterile Gläser abfüllen, direkt verschließen und für mindestens einen Tag ziehen lassen. Der Crunch hält bei Zimmertemperatur etwa 3–5 Wochen.

FÜR DIE GARNELEN
10 g Stärke
40 g Weizenmehl Type 405
½ TL gemahlener Zimt
1 TL gemahlene Kreuzkümmelsamen
1 Ei
1 TL Salz
50 g Panko-Paniermehl
8 große Garnelen (z. B. Rotgarnelen), küchenfertig
Rapsöl zum Frittieren

AUSSERDEM
Hummus nach Grundrezept (siehe Seite 32)
¼ Salzzitrone

GARNELEN

1. In einer Schale Stärke mit Mehl, Zimt und Kreuzkümmel vermengen.
2. In einer anderen Schale Ei mit etwas Salz verquirlen.
3. Panko in eine dritte Schale geben.
4. Garnelen erst in der Stärke-Mischung wälzen, anschließend im Ei und zum Schluss komplett mit Panko panieren, dieses dabei leicht andrücken.
5. Ausreichend Öl in einer Fritteuse oder einem tiefen Topf auf etwa 170 °C erhitzen und die Garnelen darin für etwa 50–70 Sekunden knusprig frittieren.

ANRICHTEN

1. Salzzitrone klein würfeln.
2. Hummus auf Tellern/Schalen verteilen und mit etwas Chili-Crunch beträufeln.
3. Knusprig frittierte Garnelen darauf verteilen und mit Salzzitrone garnieren. Noch warm servieren.

KARTOFFEL-KIBBEH, BONITO, SESAM & MISO-TAHINI-CREME

Für 4 Portionen

FÜR DEN KIBBEH-TEIG
150 g Kartoffeln (vorwiegend festkochend)
Salz
7 g frische Basilikumblätter
90 g feiner Bulgur
½ TL gemahlene Kreuzkümmelsamen
¼ TL gemahlener Zimt
¼ TL gemahlene Pimentkörner
1 Prise gemahlene Muskatnuss
frisch gemahlener Pfeffer

FÜR DIE KIBBEH-FÜLLUNG
2 kleine Zwiebeln
2 EL Olivenöl
15 g Pinienkerne
2 TL Sumach
¼ TL gemahlener Zimt
Salz
frisch gemahlener Pfeffer

FÜR DIE MISO-TAHINI-CREME
4 gehäufte TL helle Misopaste
10 EL Tahini
4 EL frisch gepresster Zitronensaft

AUSSERDEM
Sonnenblumen- oder Rapsöl zum Frittieren
Hummus nach Grundrezept (siehe Seite 32)
1 EL Sesamsamen
1 kleine Handvoll Bonitoflocken (auch Katsuobushi, online erhältlich)

Zubereitung

KIBBEH-TEIG

1. Kartoffeln schälen, klein schneiden und in kochendem Salzwasser gar kochen.
2. Kartoffeln abgießen und ausdampfen lassen. Basilikum fein hacken.
3. Bulgur mit 75 ml warmem Wasser für etwa 5 Minuten einweichen und anschließend mit den Gewürzen vermengen. Mit Salz abschmecken.
4. Kartoffeln zerstampfen, mit dem Basilikum zum Bulgur geben und mit den Händen zu einem Teig verkneten.

KIBBEH-FÜLLUNG

1. Zwiebeln abziehen und würfeln.
2. Olivenöl in einer Pfanne auf mittlerer Stufe erhitzen und die Zwiebeln darin für etwa 5 Minuten anschwitzen.
3. Pinienkerne, Sumach und Zimt hinzugeben, alles vermengen und mit Salz und Pfeffer abschmecken.

KIBBEH FORMEN

1. Zum Formen der Kartoffel-Kibbeh eine kleine Schale mit kaltem Wasser füllen. Mit dem Wasser beim Verarbeiten immer wieder die Hände befeuchten.
2. Etwa 40 g des Teigs in der Hand zu einer Kugel formen und diese auf der Handfläche möglichst platt drücken. Je dünner der Teig ist, desto saftiger werden die Kroketten hinterher.
3. In die Mitte des Teigs etwa 1 TL Füllung geben und den Teig um die Füllung verschließen. Dafür erst einmal grob bedecken und dann eventuelle Risse schließen. Dazu die Finger mit etwas Wasser befeuchten und die Oberfläche einreiben. Die Teigoberfläche wird so glatter und lässt sich geschmeidiger formen.
4. Als Nächstes diese Krokette so formen, dass die Kugel zwei Spitzen bekommt. Dazu auch immer wieder die Hände mit Wasser befeuchten.
5. Diese Arbeitsschritte wiederholen, bis kein Teig und keine Füllung mehr übrig ist.

KIBBEH-KROKETTEN FRITTIEREN

1. Ausreichend Sonnenblumen- oder Rapsöl in einer Fritteuse oder einem Topf auf etwa 175 °C erhitzen und die Kibbeh-Kroketten für etwa 7–8 Minuten darin rundherum goldbraun-knusprig frittieren.
2. Kibbeh aus dem Öl nehmen und abtropfen lassen. Kibbeh noch warm servieren. (Vorsicht: Direkt aus der Fritteuse ist die Füllung noch extrem heiß!)

MISO-TAHINI-CREME

1. 8 EL Wasser mit Misopaste verrühren, bis sich die Paste komplett aufgelöst hat.
2. Alle Zutaten miteinander zu einer flüssigen Creme verrühren. Eventuell etwas mehr Wasser für die gewünschte Konsistenz hinzugeben.

ANRICHTEN

Hummus auf Teller verteilen, mit Kibbeh belegen, mit Miso-Tahini-Creme beträufeln und mit Sesam und Bonito garnieren. Gericht noch warm servieren.

Kibbeh sind absolute Klassiker der libanesischen Küche. Diese Version habe ich mit Kartoffeln und Bulgur zubereitet. Gefüllt sind sie mit karamellisierten Sumach-Zwiebeln und Pinienkernen. Dazu passen die japanischen Aromen aus Bonitoflocken (gehobelter, getrockneter Thunfisch) und einer Tahinicreme mit Misopaste wirklich ganz ausgezeichnet.

Ziehe einfach die knusprigen Kroketten durch das Hummus und lass das Besteck weg.

Falls du Pulpo genauso liebst wie ich, solltest du dir dieses Ragout auf keinen Fall entgehen lassen. Abgeschmeckt wird der Oktopus in Tomatensauce mit feuriger Harissapaste und etwas Salzzitrone. Zusammen mit dem Hummus ist das ein Hauptgang zum Reinlegen.

Gönne dir dazu auf jeden Fall knuspriges Baguette!

PULPO IN TOMATENSAUCE MIT SALZZITRONE

Für 4 Portionen

FÜR DAS RAGOUT

2 Knoblauchzehen
1 Zwiebel
¼ Salzzitrone
40 ml Olivenol
1 EL Tomatenmark
1 TL Harissapaste (erhältlich im orientalischen Supermarkt oder online)
½ TL gemahlener Zimt
1 Lorbeerblatt
400 g geschälte Tomaten aus der Dose (inkl. Flüssigkeit)
300 g Pulpo, gekocht (siehe Seite 78)
Salz
frisch gemahlener Pfeffer

AUSSERDEM

Hummus nach Grundrezept (siehe Seite 32)
Olivenöl (optional)
frisch gemahlener Pfeffer (optional)
Baguette zum Servieren

Zubereitung

1. Knoblauchzehen abziehen. Eine davon in feine Scheiben schneiden. Die andere andrücken.
2. Zwiebel abziehen, halbieren und in Halbringe schneiden.
3. Salzzitrone in kleine Stücke schneiden.
4. Olivenöl in einem kleinen Topf auf mittlerer bis hoher Stufe erhitzen. Zwiebeln sowie Knoblauch komplett hineingeben und für etwa 3 Minuten anschwitzen.
5. Tomatenmark und Harissapaste sowie Zimt und Lorbeer hinzugeben und kurz mit anrösten. Anschließend mit geschälten Tomaten inklusive der Flüssigkeit und 150 ml Wasser ablöschen und für etwa 10 Minuten köcheln lassen.
6. Pulpo in mundgerechte Stücke schneiden, in die Sauce geben und für etwa 15 Minuten darin schmoren. Mit Salz und Pfeffer abschmecken.

ANRICHTEN

Hummus auf Teller oder Schalen verteilen und mit dem Ragout toppen. Nach Wunsch mit etwas Olivenöl sowie Pfeffer garnieren. Zusammen mit frischem Baguette servieren.

SPICY MANGO-KOHL-RABI-SALAT

Dieser Teller ist für alle, die es gerne scharf mögen. Während das Hummus mit scharfer Harissapaste aromatisiert ist, bringt der Mango-Kohlrabi-Salat die Aromen Südostasiens mit. In meinem Urlaub in Thailand habe ich mich schwer in den Papaya-Salat Som Tam verliebt und habe diesen dort jeden Tag gegessen. Meine Version ist von Som Tam inspiriert und verleiht diesem Gericht seine köstlichen Aromen.

Brot brauchst du hier eigentlich nur, um noch mehr von der leckeren, cremig-knackigen Mischung auf deine Gabel zu hieven.

Für 4 Portionen

FÜR DAS HUMMUS MIT HARISSA
200 g gekochte Kichererbsen
½ TL Backpulver
1 Knoblauchzehe
1 TL Harissapaste (erhältlich im orientalischen Supermarkt oder online)
5 EL frisch gepresster Zitronensaft
8 EL Tahini
½ TL gemahlene Kreuzkümmelsamen
Salz
Olivenöl zum Servieren

Zubereitung

HUMMUS MIT HARISSA

1. Kichererbsen in einen kleinen Topf füllen, mit reichlich Wasser bedecken und mit dem Backpulver aufkochen lassen. Für etwa 25 Minuten köcheln lassen.
2. Topf vom Herd nehmen und kaltes Wasser in den Topf laufen lassen. Etwas Wasser abschütten und wieder mit kaltem Wasser auffüllen, bis die Temperatur lauwarm ist. Anschließend mit der Hand die Kichererbsen im Wasser rühren, Topf kippen und Wasser aus dem Topf fließen lassen, um die abgelösten Schalen der Kichererbsen abzugießen. Immer wieder kaltes Wasser in den Topf laufen lassen, umrühren und wieder abgießen, bis alle sichtbaren Schalen entfernt sind.
3. Kichererbsen abseihen und mit Knoblauch, Harissapaste, Zitronensaft, Tahini, Kreuzkümmel, Salz sowie 70 ml Wasser in einen Mixer geben. Alternativ in eine Schüssel geben und Stabmixer nutzen. Alles glatt pürieren.

FÜR DEN SALAT
4 große Garnelen
2 EL Rapsöl
10 Kirschtomaten
½ Mango
½ Kohlrabi
10 Prinzessbohnen
2 Knoblauchzehen
2 rote Chilis (Thai-Chilis, wenn du dich traust)
1 EL Zucker
50 g ungesalzene Erdnusskerne plus mehr zum Garnieren
3 Limetten
2 EL Fischsauce
Salz

SALAT

1. Garnelen kurz mit Rapsöl in einer Pfanne auf hoher Stufe für etwa 1 ½ Minuten anbraten und zwischendurch wenden. Anschließend in grobe Stücke schneiden.
2. Kirschtomaten halbieren.
3. Mango und Kohlrabi schälen und in feine Streifen schneiden.
4. Bohnen säubern und halbieren.
5. Knoblauch abziehen. Strunk der Chilis entfernen.
6. Knoblauch und Chili in einer Schale oder großem Mörser zerstoßen. Zucker hinzugeben und weiter zerstoßen, bis sich eine grobe Mischung ergeben hat.
7. Bohnen in die Schale geben und mit zerstoßen, bis sie etwas aufplatzen.
8. Erdnüsse hinzugeben und kurz mit zerstoßen.
9. Limetten auspressen und 6 EL Limettensaft sowie eine halbe ausgepresste Limette mit hineingeben und zerstoßen.
10. Fischsauce hinzugeben und verrühren.
11. Kirschtomaten hinzugeben und beim Durchmengen leicht andrücken.
12. Mango, Kohlrabi und Garnelen hinzugeben und alles vermengen.
13. Salat für 10 Minuten ziehen lassen und erneut kurz durchmischen.

ANRICHTEN

1. Hummus auf Teller verteilen und, falls gewünscht, mit Olivenöl beträufeln.
2. Mit Salat toppen und nach Wunsch mit weiteren Erdnüssen garnieren. Gericht frisch servieren.

In meiner Kindheit hatten wir Nachbarn aus Indien und Sri Lanka und zum Glück waren die Kinder auch in meinem Alter. So habe ich nicht nur tolle Freunde gehabt, sondern konnte auch eine umwerfend köstliche Aromenwelt kennenlernen, die ich von zu Hause nicht kannte. Seitdem habe ich eine große Schwäche für die Küche Indiens und Sri Lankas. Dieses Gericht ist von dieser Zeit und den damaligen Freundschaften inspiriert. Es ist kein konkretes Gericht, das ich von früher kenne, sondern vielmehr eine Eigenkreation, die mir mein Unterbewusstsein geschenkt hat.

Genieße den Teller mit leckerem, selbst gemachtem Naan.

GARAM-MASALA-KABELJAU & NAAN

Für 4 Portionen

FÜR DAS NAAN
260 g Weizenmehl Type 405 plus mehr zum Arbeiten
4 g Trockenhefe
1 TL Zucker
100 g Naturjoghurt
½ TL Salz
1 TL Kreuzkümmelsamen

FÜR DEN FISCH
250 g Kabeljaufilet
1 frisches Kaffir-Limettenblatt (erhältlich im orientalischen und asiatischen Supermarkt oder online)
1 Zwiebel
1 Knoblauchzehe
50 ml Olivenöl
2 TL Garam Masala (erhältlich im orientalischen oder asiatischen Supermarkt oder online)
Salz

AUSSERDEM
Hummus nach Grundrezept (siehe Seite 32)
Olivenöl, nach Bedarf
15 g frischer Koriander

Zubereitung

NAAN

1. Alle Zutaten sowie 120 ml lauwarmes Wasser miteinander vermengen und für etwa 10 Minuten verkneten. Anschließend für 1 Stunde abgedeckt bei Zimmertemperatur gehen lassen.
2. Teig auf eine bemehlte Arbeitsfläche geben und nochmals kurz mit etwas Mehl kneten.
3. Teig in acht kleine Kugeln aufteilen und diese für 10 Minuten ruhen lassen. Anschließend mit einem Nudelholz oder den Händen zu länglich-ovalen Fladen formen.
4. Naan ohne Fettzugabe in der Pfanne bei mittlerer bis hoher Stufe für etwa 40 Sekunden pro Seite anbraten. Dabei mit einem Pfannenwender kurz andrücken.

FISCH

1. Fisch in mundgerechte Stücke schneiden.
2. Kaffir-Limettenblatt hacken.
3. Zwiebel und Knoblauch abziehen und fein hacken.
4. Öl in einer Pfanne auf mittlerer bis hoher Stufe erhitzen und Zwiebel, Knoblauch und Kaffirblatt für etwa 2 Minuten anbraten.
5. Garam Masala hinzugeben und 1 Minute mit anbraten.
6. Fisch in die Pfanne geben und für etwa 4–5 Minuten anbraten. Währenddessen vorsichtig schwenken.

ANRICHTEN

1. Koriander grob hacken.
2. Hummus auf Teller verteilen und mit Garam-Masala-Fisch toppen. Mit Olivenöl und Koriander garnieren.
3. Mit frischem Naan warm servieren.

Dieser Teller bietet eine Kombination, in die ich mich am liebsten reinlegen möchte. Ich liebe eingemachte Sardinen in Olivenöl, ich liebe Aprikosen und frische Kräuter – und würzige Zwiebeln mit säuerlich-herbem Sumach sowieso! All das zusammen auf Hummus ist einfach Next Level! Jahrgangssardinen nennt man übrigens so, weil sie ähnlich wie Wein von Jahr zu Jahr reifen und sich im Geschmack verändern. Je länger die Sardine gereift ist, desto weicher wird sie.

Lasse dir den Teller unbedingt mit knusprigem Baguette schmecken.

JAHRGANGSSARDINEN, APRIKOSEN, FRISCHE KRÄUTER & SUMACH-ZWIEBELN

Für 4 Portionen

2 Aprikosen
10 g frische glatte Petersilie
10 g frische Minze
1 Zwiebel
2 TL Sumach
1 Zitrone
Hummus nach Grundrezept (siehe Seite 32)
2 Dosen (Jahrgangs-)Sardinen in Olivenöl
Salzflocken
Baguette zum Servieren

Zubereitung

1. Aprikosen entkernen und in kleine Stücke schneiden.
2. Petersilie und Minze grob hacken.
3. Zwiebel abziehen, in Würfel schneiden und mit Sumach vermengen.
4. Zitrone vierteln.
5. Hummus auf Teller verteilen und mit Sardinen belegen.
6. Mit Aprikosen, Zwiebel und Kräutern garnieren.
7. Mit etwas Öl aus der Sardinendose beträufeln. Nach Belieben mit Salzflocken bestreuen und mit Zitronensaft beträufeln. Mit frischem Baguette servieren.

Knusprig ausgebackener Thunfisch mit einem rosa Kern – so liebe ich ihn! Achte beim Kauf des Thunfischs auf eine gute Qualität und Frische. Dazu gibt es salzige Fischrogen und einen frischen Frühlingszwiebel-Salat mit Soja-Reisessig-Vinaigrette.

Genieße deinen knusprigen Thunfisch am besten ohne Brot und ziehe für den perfekten Bissen alles durch das cremige Hummus.

KNUSPRIGER THUNFISCH, FRÜHLINGSZWIEBEL-SALAT & ROGEN

Für 4 Portionen

FÜR DEN SALAT
2 Frühlingszwiebeln
1 EL Sesamsamen
1 TL Sojasauce
1 EL Reisessig

FÜR DEN FISCH
30 g Weizenmehl Type 405
30 g Speisestärke
1 TL Salz
1 Ei
50 g Panko-Paniermehl
600 g Thunfischfilet (4 Stück à 150 g)
Rapsöl zum Frittieren

AUSSERDEM
Hummus nach Grundrezept (siehe Seite 32)
4 TL Forellenrogen

Zubereitung

SALAT

1. Frühlingszwiebel in feine Ringe schneiden und mit Sesam, Sojasauce und Reisessig vermengen.

THUNFISCH

1. Auf einem Teller Mehl mit Stärke und Salz vermengen.
2. Ei in einen tiefen Teller aufschlagen.
3. Panko auf einen dritten Teller geben.
4. Thunfisch zuerst in der Mehlmischung wenden, dann im Ei und anschließend im Panko. Paniermehl gegebenenfalls etwas andrücken.
5. Rapsöl in einer tiefen Pfanne auf hoher Stufe erhitzen (auf etwa 170 °C), sodass das Öl etwa 3–5 cm hoch in der Pfanne steht. Den panierten Thunfisch darin für etwa 30–40 Sekunden von jeder Seite braten beziehungsweise frittieren, sodass er beim Aufschneiden innen noch leicht rosa ist. Achtung: Der Fisch gart außerhalb der Pfanne noch leicht nach – also bitte nicht zu spät aus der Pfanne holen!

ANRICHTEN

Hummus auf Teller verstreichen und mit Thunfisch und jeweils 1 TL Rogen belegen. Mit Frühlingszwiebel-Salat garnieren und direkt warm servieren.

CRISPY PARMESAN-PANKO-ENOKI-PILZE & KIMCHI

Für 4 Portionen

40 g Parmesan, am Stück
50 g Mehl
40 g Speisestärke
Salz
frisch gemahlener schwarzer Pfeffer
200 g Enoki-Pilze
Rapsöl zum Frittieren
200 g Kimchi
Hummus nach Grundrezept (siehe Seite 32)
Sesamsamen zum Garnieren (optional)

Zubereitung

1. Parmesan fein reiben.
2. Mehl mit Speisestärke, Parmesan, Salz und Pfeffer nach Geschmack in einem weiten und tiefen Teller vermengen, 120 ml Wasser hinzugeben und zu einem flüssigen Teig verrühren.
3. Enoki-Pilze mit den Spitzen nach oben und mit der flachen Seite auf ein Schneidebrett legen. Die dunklen Wurzeln abschneiden.
4. Pilze gegebenenfalls von der Seite mit einem scharfen Messer halbieren, sodass zwei, drei gleich große und flache Teile entstehen.
5. Ausreichend Öl in einer tiefen Pfanne auf hoher Stufe erhitzen.
6. Enoki-Pilze in den Teig geben, darin wenden und direkt ins heiße Öl geben. Jede Seite für etwa 1–1 ½ Minuten ausbacken und anschließend zum Abtropfen auf einen Teller mit Küchenpapier legen.

ANRICHTEN

Hummus auf Teller verteilen und mit frittierten Enoki-Pilzen und Kimchi toppen. Nach Wunsch mit etwas Sesam garnieren und frisch servieren.

Ich liebe es, im Asia-Markt einzukaufen und mich durch das frische Gemüse und die asiatischen Produkte zu probieren. Koreanisches Kimchi ist mir mittlerweile lieb und teuer geworden. Der mit Krustentieren, Fischsauce, Knoblauch und jeder Menge Chili eingelegte und fermentierte Kohl ist einfach köstlich und sehr gesund noch dazu. Die wunderschön anzusehenden Enoki-Pilze stachen mir bei meinen Marktbesuchen auch immer wieder ins Auge, bis ich mich irgendwann dazu entschied, mir welche mitzunehmen und sie mit einem Backteig und Parmesan knusprig anzubraten. Zusammen mit dem Kimchi und dem Hummus ergibt dieser Teller eine unfassbar leckere Fusion an Aromen, an der ich mich wirklich nie satt essen kann.

Lass das Brot weg und genieße die Aromen pur.

Wer sich in der südostasiatischen Küche etwas auskennt, wird sicher direkt erkennen, was meine Inspiration für dieses köstliche Topping war: der knusprige laotische Reissalat namens Nam Khao! Hier bereitest du einen mit Gochujang gewürzten und im Ofen knusprig gebackenen Reis mit frischen Gurken, Kräutern und einem unfassbar leckeren Dressing mit Limette und superaromatischem Galgant zu. Dieser Teller ist wie gemacht für heiße Sommerabende auf dem Balkon.

Schnapp dir einen Löffel und lass das Brot für diesen Teller weg.

CRISPY RICE CRUMBLE MIT KRÄUTERN, ERDNÜSSEN & LIMETTEN-GALGANT-DRESSING

Für 4 Portionen

FÜR DEN REIS
125 g Basmatireis
Salz
2 EL Olivenöl
1 TL Gochujang
1 Mini-Gurke
1 Frühlingszwiebel
1 rote Chili
25 g frischer Koriander
15 g frische Minze
40 g geröstete und ungesalzene Erdnusskerne

FÜR DAS DRESSING
1 Knoblauchzehe
25 g frische Galgantwurzel, alternativ 20 g Ingwer (erhältlich im Reformhaus und Asia-Markt oder online)
2 Limetten
2 EL Sojasauce
2 EL Fischsauce
1 TL Zucker

AUSSERDEM
Hummus nach Grundrezept (siehe Seite 32)

Zubereitung

CRISPY RICE CRUMBLE

1. Reis nach Packungsanleitung in Salzwasser garen und über Nacht im Kühlschrank lagern. Alternativ 250–300 g gekochte Reisreste vom Vortag nehmen.
2. Backofen auf 200 °C Umluft vorheizen.
3. Reis mit Olivenöl und Gochujang vermengen und auf einem Backblech verteilen. Anschließend für etwa 15 Minuten im Backofen knusprig backen. Nach dem Backen auskühlen lassen.
4. Gurke längs halbieren und in halbe Scheiben schneiden.
5. Frühlingszwiebel in Ringe schneiden.
6. Chili entkernen (optional) und in Ringe schneiden.
7. Kräuter waschen und grob hacken.
8. Erdnüsse grob zerstoßen.

DRESSING

1. Knoblauch abziehen, Galgant schälen und beides fein reiben.
2. Limetten auspressen, es werden 40 ml Saft benötigt.
3. Alle Zutaten für das Dressing miteinander verrühren.

SALAT

1. Alle Zutaten für den Reis miteinander vermengen und anschließend mit dem Dressing anmachen. Den Salat 5 Minuten ziehen lassen.

ANRICHTEN

Hummus auf Teller verteilen und mit knusprigem Reissalat toppen. Frisch servieren.

Diese Fusion versucht sich an einem großen Spagat aus Zubereitungsarten und Aromen weit entfernter Länder und Kulturen. Die Basis besteht natürlich aus cremigem Hummus, während das Topping aus peruanischem Ceviche und japanischem Algensalat (Wakame) einfach unglaublich gut zusammenpasst. Abgerundet wird der Teller durch Fischrogen und die levantinische Gewürzmischung Za'atar.

Etwas knuspriges Sauerteigbrot passt hier ganz fantastisch zum Gericht.

CEVICHE & WAKAME

Für 4 Portionen

FÜR DAS CEVICHE
4–5 Limetten
250 g sehr frischer Kabeljau oder anderer Salzwasserfisch mit weißem Fleisch
½–1 TL Salz plus mehr nach Bedarf
1 Chili
15 g Koriander
150 g Kirschtomaten
1 Mini-Gurke
1 kleine rote Zwiebel
30 ml Olivenöl

AUSSERDEM
Hummus nach Grundrezept (siehe Seite 32)
60 g Wakame (japanischer Algensalat, online oder im japanischen Markt erhältlich)
Za'atar, nach Geschmack
4 TL Fischrogen (z. B. Forellen- oder Lachsrogen)
Sauerteigbrot zum Servieren

Zubereitung

1. Limetten auspressen, es werden 100 ml Saft benötigt.
2. Fisch in kleine Stücke schneiden und mit etwa ½–1 TL Salz in den Limettensaft geben und damit vermengen. Der Fisch sollte mindestens 30 Minuten im Kühlschrank in der Säure garen. Die perfekte Garzeit liegt bei etwa 50 Minuten. Je länger der Fisch im Limettensaft liegt, desto fester wird er.
3. Chili entkernen und in feine Ringe schneiden.
4. Koriander hacken.
5. Kirschtomaten in Stücke schneiden.
6. Gurke längs halbieren und in Halbmonde schneiden.
7. Zwiebel abziehen, halbieren und in feine Halbringe schneiden.
8. Restliche Zutaten nach der Garzeit zum Fisch geben und alles miteinander vermengen. Gegebenenfalls mit Salz abschmecken.

ANRICHTEN

Hummus auf Teller verteilen. Mit Ceviche, Wakame sowie Rogen toppen und nach Wunsch mit etwas Za'atar garnieren. Mit frischem Sauerteigbrot servieren.

Der eingelegte und fermentierte Kohl erfreut sich weltweit immer größerer Beliebtheit – und das absolut zu Recht! Inspiriert vom koreanischen Kimchijeon, einem großen Pfannkuchen mit Kimchi, sind diese kleinen Fritters entstanden. Zusammen mit etwas Tahinicreme auf cremigem Hummus verursachen die Fritters hier wahrlich eine Geschmacksexplosion.

Schnapp dir Besteck und lass das Brot zu diesem Teller weg. Ziehe einfach die Fritters durch das cremige Hummus.

KIMCHI FRITTERS

Für 4 Portionen

FÜR DIE TAHINICREME
35 g Tahini
15 ml frisch gepresster Zitronensaft
Salz

FÜR DIE KIMCHI FRITTERS
200 g Kimchi plus 2 EL der Kimchi-Einlegeflüssigkeit
3 Frühlingszwiebeln
60 g Weizenmehl Type 405
1 Ei
1 TL Sojasauce
Rapsöl zum Braten

AUSSERDEM
Hummus nach Grundrezept (siehe Seite 32)
Sesamsamen zum Garnieren

Zubereitung

TAHINICREME

1. Tahini mit 30 ml Wasser, Zitronensaft und Salz zu einer glatten, flüssigen Creme verquirlen.

KIMCHI FRITTERS

1. Kimchi abseihen und den Sud auffangen.
2. Kimchi hacken.
3. Zwei Frühlingszwiebeln in Ringe schneiden.
4. Mehl mit Ei, 2 EL Kimchi-Flüssigkeit und Sojasauce zu einem flüssigen Teig verrühren und Kimchi sowie Frühlingszwiebelringe unterheben.
5. Öl in einer Pfanne auf hoher Stufe erhitzen. Pro Pfannkuchen 1 EL Teig in die Pfanne geben und für etwa 1 Minute pro Seite braten. Zum Abtropfen danach auf Küchenpapier ablegen.

ANRICHTEN

1. Restliche Frühlingszwiebel in feine Ringe schneiden.
2. Hummus auf Teller verteilen, mit Kimchi Fritters belegen und mit Tahinicreme, Frühlingszwiebeln und Sesam garnieren. Warm servieren.

VEGAN

Der italienische Klassiker Panzanella ist einer meiner liebsten Salate. Er ist simpel, aber dennoch ein absolut köstlicher Traum. Frische Tomaten, aromatisches Basilikum und knuspriges Brot – das passt einfach. Ich habe dem Klassiker einen levantinischen Anstrich gegeben und das Brot mit Za'atar geröstet. Auf cremigem Hummus kommt dann zusammen, was zusammengehört.

Brot hast du ja bereits im Salat – genieße den Teller also ganz intuitiv und nimm dir eine Gabel zur Hand.

ZA'ATAR-PANZANELLA

Für 4 Portionen

200 g Ciabatta
2 Tomaten (ca. 300 g)
1 Mini-Gurke
1 rote Zwiebel
15 g frisches Basilikum
25 g Pinienkerne
2 TL Za'atar (erhältlich im orientalischen Supermarkt oder online)
40 ml Olivenöl plus 4 EL für das Ciabatta
20 ml Balsamicoessig
Salz
frisch gemahlener Pfeffer
Hummus nach Grundrezept (siehe Seite 32)

Zubereitung

1. Backofen auf 200 °C Umluft vorheizen.
2. Ciabatta in kleine Stücke schneiden und in einer Schüssel mit 4 EL Olivenöl und 2 TL Za'atar vermengen, sodass jedes Stück damit bedeckt ist.
3. Ciabatta auf ein Backblech legen und für etwa 10 Minuten knusprig backen. Anschließend abkühlen lassen.
4. Tomaten und Gurke in mundgerechte Stücke schneiden.
5. Zwiebel abziehen, halbieren und in Halbringe schneiden.
6. Basilikum grob hacken.
7. Pinienkerne ohne Fettzugabe in einer Pfanne auf hoher Stufe anrösten, bis es anfängt zu duften und sich leicht bräunliche Stellen gebildet haben. Anschließend direkt vom Herd und die Pinienkerne aus der Pfanne nehmen.
8. Gemüse mit restlichem Olivenöl und Balsamico vermengen und mit Salz und Pfeffer abschmecken. Anschließend Brot unterheben.

ANRICHTEN

1. Hummus auf Teller verteilen und mit Za'atar-Panzanella toppen. Mit Pinienkernen garnieren.
2. Nach Wunsch mit etwas Za'atar bestreut und mit mehr Olivenöl beträufelt servieren.

Hier trifft die Levante auf Korea: Das Hummus habe ich mit der fermentierten koreanischen Würzpaste Gochujang aus Reismehl, Sojamehl und Chili aromatisiert. Die Paste erfreut sich auch in Europa immer größerer Beliebtheit und ist daher online sehr gut zu finden. Gochujang gibt dem Hummus nicht nur eine gute Schärfe, sondern auch einen wunderbar intensiven Umami-Geschmack. Das Topping aus einem frischen, fruchtigen Brombeer-Salat mit dem herrlichen Parfum von Basilikum rundet den Teller ab und lässt die Aromen auf der Zunge tanzen.

Ein knuspriges Baguette oder mildes Krustenbrot passt hier einfach perfekt dazu.

GOCHUJANG & BROMBEER-SALAT

Für 4 Portionen

FÜR DAS HUMMUS MIT GOCHUJANG
200 g gekochte Kichererbsen (aus der Dose)
½ TL Backpulver
1 Knoblauchzehe
3 TL Gochujang (koreanische Chilipaste, online oder im Asia-Markt erhältlich)
5 EL frisch gepresster Zitronensaft
8 EL Tahini
½ TL gemahlene Kreuzkümmelsamen
Salz

FÜR DEN BROMBEER-SALAT
150 g Brombeeren (falls TK, aufgetaut)
½ rote Zwiebel
10 g frisches Basilikum
2 EL Olivenöl
Salz
frisch gemahlener Pfeffer

AUSSERDEM
Baguette oder Krustenbrot zum Servieren

Zubereitung

HUMMUS MIT GOCHUJANG

1. Kichererbsen in einen kleinen Topf füllen, mit reichlich Wasser bedecken und mit dem Backpulver aufkochen lassen. Für etwa 25 Minuten köcheln lassen.
2. Topf vom Herd nehmen und kaltes Wasser in den Topf laufen lassen. Etwas Wasser abschütten und wieder mit kaltem Wasser auffüllen, bis die Temperatur lauwarm ist. Anschließend mit der Hand die Kichererbsen im Wasser rühren, Topf kippen und Wasser aus dem Topf fließen lassen, um die abgelösten Schalen der Kichererbsen abzugießen. Immer wieder kaltes Wasser in den Topf laufen lassen, umrühren und wieder abgießen, bis alle sichtbaren Schalen entfernt sind. Kichererbsen abseihen.
3. Knoblauchzehe abziehen. Mit den Kichererbsen, Gochujang, Zitronensaft, Tahini, Kreuzkümmel, Salz nach Geschmack sowie 70 ml Wasser in einen Mixer oder eine tiefe Schüssel geben. Mit dem Mixer oder einem Stabmixer fein pürieren.

BROMBEER-SALAT

1. Brombeeren waschen und vierteln.
2. Zwiebel abziehen und fein würfeln.
3. Basilikumblätter vom Stängel abzupfen und grob hacken.
4. Brombeeren mit Zwiebel und Olivenöl vermengen und mit wenig Salz und Pfeffer abschmecken.

ANRICHTEN

Hummus auf Teller verteilen. Mit Brombeer-Salat und mit Basilikum toppen. Zusammen mit frischem Baguette oder Krustenbrot servieren.

FALAFEL-CROÛTONS, ROTKOHL & GEBRANNTE MANDELN

Für 4 Portionen

FÜR DIE GEBRANNTEN MANDELN
1 Sternanis
50 g Zucker
½ TL gemahlener Zimt
½ TL Vanilleextrakt
100 g Mandelkerne mit Haut

FÜR DIE FALAFEL-CROÛTONS
100 g getrocknete Kichererbsen
½ kleine Zwiebel (ca. 20 g)
½ Knoblauchzehe
5 g frische Petersilie
5 g frischer Koriander
¼ TL gemahlene Kreuzkümmelsamen
½–1 TL Salz
Rapsöl zum Frittieren

Zubereitung

GEBRANNTE MANDELN

1. Sternanis leicht andrücken.
2. Zucker, Gewürze, Vanilleextrakt und 50 ml Wasser in eine Pfanne geben und unter Rühren auf hoher Stufe aufkochen lassen, bis sich der Zucker aufgelöst hat.
3. Mandeln hinzugeben und so lange rühren und wenden, bis die Flüssigkeit komplett verdampft ist und die Mandeln von allen Seiten beschichtet sind. Auf mittlere Stufe stellen. Der Zucker karamellisiert. Die Mandeln sind fertig, wenn die Zuckerschicht glänzt.
4. Mandeln auf einen Teller geben und gegebenenfalls voneinander trennen. Sternanis heraussuchen und entsorgen.

FALAFEL-CROÛTONS

1. Getrocknete Kichererbsen mindestens 12 Stunden in Wasser einweichen lassen.
2. Zwiebel und Knoblauch abziehen und grob hacken.
3. Alle Zutaten für die Falafel-Croûtons mit dem Stabmixer zu einem Teig zerkleinern und nochmals mit einem Löffel kurz durchmengen. Für etwa 1 Stunde im Kühlschrank ziehen lassen.
4. Ausreichend Öl in einem kleinen Topf, einer tiefen Pfanne oder Fritteuse auf etwa 165 °C erhitzen.
5. Teig mit der Hand zu kleinen Croûtons zupfen. (Diese müssen nicht gleichmäßig aussehen.)
6. Falafel-Croûtons kurz (etwa 20–30 Sekunden) im Öl frittieren und dann zum Abtropfen auf einen mit Küchenpapier ausgelegten Teller geben.

FÜR DIE TAHINICREME
35 g Tahini
15 ml frisch gepresster Zitronensaft
Salz

AUSSERDEM
Hummus nach Grundrezept (siehe Seite 32)
150 g Rotkohl (aus dem Glas)

TAHINICREME

1. Alle Zutaten sowie 30 ml Wasser miteinander zu einer glatten Creme verrühren.

ANRICHTEN

1. Gebrannte Mandeln grob hacken.
2. Hummus auf Teller verteilen und mit Rotkohl und Falafel-Croûtons toppen.
3. Mit gebrannten Mandeln garnieren und mit Tahinicreme beträufeln. Sofort servieren.

Ich kann mir gut vorstellen, dass diese Kombination auf den ersten Blick vielleicht etwas wild erscheinen mag. Manchmal muss man aber etwas kreativ denken, um neue Geschmackserlebnisse entstehen zu lassen. Die Mischung aus kleinen knusprigen Falafel-Croûtons, süß-säuerlichem Rotkohl und knackigen gebrannten Mandeln auf Hummus ist einzigartig köstlich und mehr als nur eine geniale winterliche Vorspeise!

Brot benötigst du bei dieser Kombination nicht.

GEGRILLTE AUBERGINE, SALZGURKEN-TOMATEN-SALSA, TAHINI & CHILI

Für 4 Portionen

FÜR DIE GEGRILLTE AUBERGINE
4 Auberginen

FÜR DIE SALSA
1 kleine Zwiebel
4 Salzgurken
2 Tomaten
10 g frische glatte Petersilie
5 g frisches Basilikum
1 rote Chili
40 ml Olivenöl

FÜR DIE TAHINICREME
35 g Tahini
15 ml frisch gepresster Zitronensaft
Salz

AUSSERDEM
Hummus nach Grundrezept (siehe Seite 32)
Olivenöl (optional)
Cracker zum Servieren

Zubereitung

GEGRILLTE AUBERGINE

1. Backofen auf 240 °C Ober-/Unterhitze vorheizen.
2. Aubergine mehrere Male vorsichtig mit einem kleinen Messer rundherum einstechen und für etwa 30–40 Minuten auf einem mit Backpapier belegten Backblech oder in einer großen Auflaufform im Backofen garen. Alternativ kann die Aubergine auch auf dem Grill direkt über der Flamme gegrillt werden – so entstehen bessere Röstaromen, die Garzeit unterscheidet sich aber.
3. Nach dem Garen die Aubergine abkühlen lassen und anschließend die Haut abziehen.

SALSA

1. Zwiebel abziehen und fein würfeln.
2. Salzgurken und Tomaten würfeln.
3. Petersilie, Basilikum und Chili (je nach Geschmack die Kerne vorher entfernen) hacken.
4. Alle Zutaten für die Salsa miteinander vermengen.

TAHINICREME

1. Tahini mit 30 ml Wasser, Zitronensaft und Salz zu einer glatten, flüssigen Creme verquirlen.

ANRICHTEN

1. Hummus auf Teller verteilen.
2. Aubergine ganz auf das Hummus legen und mit einem scharfen Messer das Fruchtfleisch leicht öffnen.
3. Salsa auf die Aubergine und das Hummus geben.
4. Tahinicreme darüberträufeln.
5. Nach Wunsch mit etwas Olivenöl beträufeln und mit Crackern servieren.

Das ist ein Teller, zu dem ich mir gerne an einem warmen Tag eine Flasche Weißwein aufmache und ihn mir auf dem Balkon bei einer (hoffentlich) leicht frischen Brise so richtig schmecken lasse. Die gegrillte Aubergine ist mit ihren Röstaromen bereits voller Geschmack, und wenn dann auch noch die köstliche Salsa aus Salzgurken und frischen Tomaten dazukommt, tanzt der Gaumen so richtig.

Hierzu empfehle ich dir knusprige Cracker.

Das Ragout mit Okraschoten und Pfirsich klingt zwar erst einmal sehr experimentell, aber es schmeckt wirklich absolut großartig! Gerade die Kombination aus fruchtig-süßen und herzhaften Aromen harmoniert sehr gut. Hinzu kommen noch knackige Mandeln, Pistazien und im Ofen dehydrierte Kapern, die beim Draufbeißen nochmals eine kleine Umami-Explosion verursachen. Die Kapern kannst du übrigens auch super zum »Salzen« verwenden: Einfach zwischen den Fingern zerdrücken und wie Salz über dein Essen streuen.

Hierzu empfehle ich dir knuspriges Ciabatta oder fluffiges Pitabrot.

OKRA-PFIRSICH-RAGOUT & DEHYDRIERTE KAPERN

Für 4 Portionen

30 g Kapern
1 Pfirsich (ca. 200 g)
1 Knoblauchzehe
1 rote Chili
200 g große Okraschoten
30 ml Olivenöl
1 EL Tomatenmark
400 g geschälte Tomaten (Gewicht inkl. Flüssigkeit)
½ TL gemahlener Zimt
Salz
frisch gemahlener Pfeffer
Hummus nach Grundrezept (siehe Seite 32)
20 g Mandelkerne mit Haut
15 g Pistazienkerne
Ciabatta oder Pita zum Servieren

Zubereitung

1. Backofen auf 220 °C Umluft vorheizen. Kapern abseihen und auf ein mit Backpapier ausgelegtes Blech legen. Kapern dabei mit etwas Platz zueinander platzieren. Für etwa 15–20 Minuten backen. Sie sind fertig, wenn sie sich zwischen den Fingern leicht zerbröseln lassen.
2. Pfirsich halbieren, vom Kern befreien und in mundgerechte Stücke schneiden.
3. Knoblauch abziehen und andrücken.
4. Chili gegebenenfalls entkernen und in feine Ringe schneiden.
5. Strunk der Okraschoten abschneiden und die Schoten in dickere Scheiben schneiden.
6. Olivenöl in einem kleinen Topf auf hoher Stufe erhitzen und Okra sowie Knoblauch scharf für etwa 2 Minuten darin anbraten.
7. Tomatenmark, Chili und Pfirsich hinzugeben und kurz mit anbraten. Anschließend mit den geschälten Tomaten und 100 ml Wasser ablöschen und für etwa 15 Minuten bei mittlerer Stufe köcheln lassen.
8. Mit Zimt, Salz und Pfeffer abschmecken.
9. Mandeln grob hacken und in einer Pfanne ohne Fettzugabe auf hoher Stufe anrösten, bis es anfängt leicht zu duften. Anschließend die Mandeln auf einen Teller geben.

ANRICHTEN

Hummus auf Teller oder Schalen verteilen, mit Ragout toppen. Mit Mandeln, Pistazien und dehydrierten Kapern garnieren und gemeinsam mit Ciabatta oder Pita servieren.

Diese Kombination ist ein Beweis dafür, dass es weder viele Zutaten noch sehr viel Zeit braucht, um etwas wirklich Köstliches auf den Teller zu bringen. Die Schönheit liegt eben doch manchmal in der Einfachheit. Hier schmiegen sich angebratene und mit Sojasauce abgelöschte Kräuterseitlinge zum cremigen Hummus. Abgerundet wird der Teller mit knusprig gerösteten Algenblättern und etwas Sesam.

Hierzu empfehle ich dir ein mildes Krustenbrot oder Baguette.

KRÄUTERSEITLINGE, GERÖSTETER SEETANG & SESAM

Für 4 Portionen

400 g Kräuterseitlinge
1 Knoblauchzehe
40 ml Olivenöl
20 ml Sojasauce
gerösteter Seetang, nach Bedarf (Empfehlung: 1 EL pro Teller)
Hummus nach Grundrezept (siehe Seite 32)
2 TL Sesamsamen
Krustenbrot oder Baguette zum Servieren

Zubereitung

1. Unteren Strunk der Kräuterseitlinge glatt abschneiden, der Stil darf dranbleiben.
2. Kräuterseitlinge in dünne Scheiben schneiden.
3. Knoblauchzehe abziehen und andrücken.
4. Olivenöl in einer großen Pfanne auf mittlerer bis hoher Stufe erhitzen, den Knoblauch und die Pilze reingeben und für etwa 8 Minuten anbraten. Pilze zwischendurch wenden.
5. Mit Sojasauce ablöschen und vom Herd nehmen.

ANRICHTEN

1. Gerösteten Seetang grob hacken oder zerbröseln.
2. Hummus auf Teller verteilen, mit Pilzen belegen, Seetang darübergeben und mit Sesam garnieren. Noch warm servieren.

Dieser Teller ist ein absolutes Wohlfühlessen! Hier habe ich einfach frische Gnocchi mit Olivenöl, Knoblauch, Chili, Koriander und natürlich Kreuzkümmel – auch als Cumin bekannt – in der Pfanne angebraten. Zu dieser Idee habe ich mich von dem libanesischen Pendant zu Patatas Bravas, nämlich den Batatas Harras, inspirieren lassen. Das Ganze wird auf Hummus gebettet – geht schön schnell und einfach von der Hand. Ein schönes, herrlich leckeres Rezept für den Alltag.

Brot benötigst du nicht, ziehe einfach die Gnocchi durch das cremige Hummus.

CUMIN-CHILI-GNOCCHI

Für 4 Portionen

1 Knoblauchzehe
1 rote Chili
500 g frische Gnocchi
50 ml Olivenöl plus etwas mehr zum Servieren
2 TL gemahlene Kreuzkümmelsamen
1 TL Pul Biber
15 g frischer Koriander
1 TL rosa Pfeffer
Salz
Hummus nach Grundrezept (siehe Seite 32)

Zubereitung

1. Knoblauch abziehen und in feine Scheiben schneiden.
2. Rote Chili in Ringe schneiden – nach Wunsch kann die Chilischote vorher auch entkernt werden.
3. Gnocchi nach Packungsanleitung kochen und abseihen. Frische Gnocchi können direkt verarbeitet werden.
4. Olivenöl in einer Pfanne auf mittlerer Stufe erhitzen und den Knoblauch darin für etwa 1 Minute anbraten.
5. Kreuzkümmel, Pul Biber und Chili mit in die Pfanne geben und für etwa 1 Minute anrösten.
6. Gnocchi ebenfalls mit in die Pfanne geben und für etwa 5 Minuten darin anbraten und schwenken.

ANRICHTEN

1. Koriander grob hacken.
2. Hummus auf Teller verteilen und mit Cumin-Chili-Gnocchi toppen. Mit Koriander, rosa Pfeffer, Salz und Olivenöl garnieren und servieren.

GERÖSTETER BLUMENKOHL MIT GREMOLATA & PINIENKERNEN

Für 4 Portionen

FÜR DEN BLUMENKOHL
1 Blumenkohl
4 EL Olivenöl
Salz

FÜR DIE GREMOLATA
1 Knoblauchzehe
50 g frische glatte Petersilie
1 unbehandelte Zitrone
8 EL Olivenöl
2 EL frisch gepresster Zitronensaft
1 Prise Salz (optional)

AUSSERDEM
20 g Pinienkerne
Hummus nach Grundrezept (siehe Seite 32)
Olivenöl (optional)
Pita zum Servieren

Zubereitung

BLUMENKOHL

1. Backofen auf etwa 200 °C Umluft vorheizen.
2. Blumenkohl in Röschen brechen.
3. Mit Olivenöl einpinseln, mit Salz bestreuen und für etwa 20 Minuten im Backofen backen.

GREMOLATA

1. Knoblauch abziehen.
2. Petersilie und Knoblauch fein hacken.
3. Zitrone waschen und Schale abreiben.
4. Knoblauch, Petersilie und Zitronenschale mit Olivenöl sowie frisch gepresstem Zitronensaft vermengen und nach Wunsch mit Salz abschmecken.

ANRICHTEN

1. Pinienkerne ohne Fettzugabe in einer Pfanne auf hoher Stufe anrösten, bis es duftet und sie etwas Farbe bekommen haben. Anschließend direkt aus der Pfanne in eine Schale geben.
2. Hummus auf Teller verteilen und mit Blumenkohl belegen.
3. Gremolata auf Hummus und Blumenkohl verteilen und mit Pinienkernen garnieren.
4. Nach Wunsch mit Olivenöl beträufeln und zusammen mit Pita servieren.

Dieses Rezept ist einfach, schnell zubereitet und schmeckt himmlisch gut. Die Kombination von Hummus und Blumenkohl passt ohnehin wunderbar zusammen, aber wenn du auch noch frisch gemachte Gremolata dazu reichst, hast du das perfekte Feierabendgericht gezaubert! Gremolata ist eine einfache Mischung aus Knoblauch, Petersilie und Zitronenabrieb. Ich habe dem noch etwas Olivenöl hinzugefügt – du darfst das natürlich entweder weglassen oder noch viel mehr davon verwenden.

Dazu empfehle ich dir etwas fluffiges Pitabrot.

Wer die levantinische Küche kennt und liebt, wird sich hier direkt zu Hause fühlen. Das Rezept ist inspiriert von dem libanesischen Frühstück namens Foul Medammas. Auf das Hummus kommt noch eine herrliche Tahinicreme, über welche dann die marinierten Favabohnen mit frischen Tomaten und Kräutern gebettet werden.

Genieße das Gericht mit noch warmen Bohnen und dazu libanesischem Fladenbrot.

MARINIERTE FAVABOHNEN, TAHINICREME, KRÄUTER & TOMATEN

Für 4 Portionen

FÜR DIE TAHINICREME
35 g Tahini
15 ml Zitronensaft
Salz

FÜR DIE BOHNEN
½ Knoblauchzehe
1 TL gemahlene Kreuzkümmelsamen
20 ml frisch gepresster Zitronensaft
½ TL Harissapaste (erhältlich im orientalischen Supermarkt oder online)
30 ml Olivenöl
Salz
200 g Favabohnen, gekocht

AUSSERDEM
1 Tomate (ca. 130 g)
15 g frische glatte Petersilie
10 g frische marokkanische Minze
Hummus nach Grundrezept (siehe Seite 32)
Olivenöl (optional)
libanesisches Fladenbrot

Zubereitung

GARNITUR VORBEREITEN

1. Tomate würfeln.
2. Petersilie und Minze grob hacken.

TAHINICREME

1. Alle Zutaten gut miteinander verrühren und mit Salz abschmecken.

BOHNEN

1. Für die Marinade den Knoblauch abziehen, fein reiben oder zerstoßen und mit Kreuzkümmel, Zitronensaft, Harissapaste und Olivenöl vermengen. Anschließend mit Salz abschmecken.
2. Bohnen in einen kleinen Topf geben, mit Wasser bedecken und kurz erhitzen. Anschließend abseihen und direkt in die Marinade geben und verrühren.

ANRICHTEN

1. Hummus auf Teller verteilen und mit Tahinicreme bedecken.
2. Bohnen auf die Tahinicreme geben und mit Tomatenwürfeln und Kräutern garnieren.
3. Nach Wunsch mit Olivenöl beträufeln und das Gericht direkt warm zusammen mit libanesischem Fladenbrot servieren.

Diesen Teller habe ich schon einige Male für Freunde zubereitet. Jedes Mal wurde ich nach dem Rezept gefragt. Hier ist es nun – und es bietet ein großes Aromenspektakel! Der Salat ist knackig, saftig und dank der vielen Kräuter superfrisch!

Für diesen Teller benötigst du nicht zwingend Brot, kannst aber natürlich das übrig gebliebene Hummus mit etwas Fladenbrot oder Baguette aufnehmen.

GRÜNE-BOHNEN-SALAT MIT ARTISCHOCKENHERZEN & KRÄUTERN

Für 4 Portionen

FÜR DAS DRESSING
1 unbehandelte Zitrone
1 Knoblauchzehe
40 ml Olivenöl
1 EL Za'atar plus mehr nach Bedarf (erhältlich im orientalischen Supermarkt oder online)
Salz
frisch gemahlener Pfeffer

FÜR DEN SALAT
15 g frische Minze
15 g frische glatte Petersilie
15 g frischer Koriander
200 g Prinzessbohnen
150 g Artischockenherzen (aus der Dose, gekocht)

AUSSERDEM
Hummus nach Grundrezept (siehe Seite 32)
Fladenbrot oder Baguette (optional)

Zubereitung

DRESSING

1. Zitrone gut waschen, Schale fein abreiben und Saft auspressen.
2. Knoblauch abziehen und fein zerstoßen.
3. Olivenöl mit 4 EL Zitronensaft, Zitronenschale, zerstoßenem Knoblauch, Za'atar sowie Salz und Pfeffer nach Bedarf zu einem Dressing vermengen.

SALAT

1. Kräuter gut waschen und Blätter von den Stängeln zupfen.
2. Prinzessbohnen waschen und Strunk entfernen.
3. Artischockenherzen abseihen, in das Dressing geben und miteinander vermengen.
4. Prinzessbohnen für etwa 3 Minuten in Salzwasser kochen und anschließend direkt in das kalte Dressing geben und damit vermengen.
5. Kräuter hinzugeben und alles miteinander vermischen.

ANRICHTEN

Hummus auf Teller verstreichen und den Salat darauf servieren. Auf Wunsch mit Salz, Pfeffer sowie Za'atar abschmecken. Mit Fladenbrot oder Baguette (optional) servieren.

Ich musste erst nach Tokio fliegen und dort an einem Kochkurs teilnehmen, um zu realisieren, dass viele japanische Aromen wirklich wunderbar mit denen der Levante harmonieren. Das Sesamdressing ist inspiriert vom japanischen Spinatsalat Gomae – und es passt perfekt zum Hummus und dem knusprigen Tofu.

Brot benötigst du hier nicht. Ziehe einfach den knusprigen Tofu durch das Hummus und die Sauce.

CRISPY TOFU, EDAMAME, FRÜHLINGSZWIEBEL & SESAM-DRESSING

Für 4 Portionen

FÜR DEN TOFU
400 g fester Tofu
100 g Speisestärke
Rapsöl zum Braten
10 EL Sojasauce
6 EL Reisessig
2 EL Ketchup
6 TL Zucker
1 TL Chiliflocken

FÜR DAS DRESSING
2 EL Tahini
2 EL Sojasauce
1 EL weiße Sesamsamen
2 EL Reisessig

AUSSERDEM
1 Frühlingszwiebel
Hummus nach Grundrezept (siehe Seite 32)
100 g Edamame (blanchierte Sojabohnen)
Sesamsamen, nach Belieben

Zubereitung

TOFU

1. Tofu in Würfel schneiden. (Bitte nicht trockentupfen, damit der Tofu die Stärke gut aufnehmen kann.)
2. Tofu so lange in Speisestärke wenden, bis alles gut beschichtet ist.
3. Öl in einer Pfanne auf hoher Stufe erhitzen und den Tofu von allen Seiten für insgesamt etwa 2 Minuten braten. Anschließend auf einen Teller mit Küchenpapier geben.
4. Sojasauce mit Reisessig, Ketchup, Zucker und Chiliflocken vermengen, in eine Pfanne geben und auf mittlerer bis hoher Stufe für etwa 1 Minute erhitzen. Dabei rühren, bis sich der Zucker aufgelöst hat und die Sauce etwas eingedickt ist.
5. Tofu in die Sauce geben und darin wenden, bis alle Stücke mit der Sauce bedeckt sind.

DRESSING

1. Alle Zutaten sowie 2 EL Wasser miteinander zu einem cremigen Dressing vermengen.

ANRICHTEN

1. Frühlingszwiebel in feine Ringe schneiden.
2. Hummus auf Teller verteilen und mit Tofu belegen.
3. Edamame und Frühlingszwiebel auf die Teller verteilen. Mit dem Dressing beträufeln und direkt servieren.

Meine Leidenschaft für die fermentierte koreanische Würzpaste Gochujang kommt bei diesen marinierten Bohnen aus der Pfanne voll zum Ausdruck. Optisch erinnert das Topping an die gebackenen Bohnen, ist geschmacklich aber eine ganz andere Nummer. Für den Crunch im Mund sorgen grob gehackte Salzmandeln und Cashews.

Dazu empfehle ich dir knuspriges Baguette oder mildes Krustenbrot.

GOCHUJANG-BOHNEN, SALZMANDELN & CASHEW

Für 4 Portionen

FÜR DIE BOHNEN
400 g große weiße Bohnen (aus der Dose, gekocht)
1 Schalotte
4 EL Olivenöl
1 TL Gochujang (erhältlich im Asia-Markt oder online)
1 EL Tomatenmark
1 TL frisch gepresster Zitronensaft
Salz

AUSSERDEM
Hummus nach Grundrezept (siehe Seite 32)
1 TL Schwarzkümmelsamen
1 Handvoll gemischte Salzmandeln und Cashewkerne
Olivenöl
frische Kresse
Baguette oder Krustenbrot zum Servieren

Zubereitung

1. Bohnen in ein Sieb geben, mit frischem Wasser abspülen und abtropfen lassen.
2. Schalotte abziehen und hacken.
3. Olivenöl in einer Pfanne erhitzen und Schalotte darin für etwa 1 Minute anschwitzen.
4. Gochujang und Tomatenmark hinzugeben und für etwa 1 Minute mit anrösten.
5. Bohnen hinzugeben, mit Salz würzen und Herd auf mittlere Stufe herabstellen.
6. Mit 200 ml Wasser ablöschen und für etwa 15 Minuten köcheln lassen, bis die Sauce eine cremige Konsistenz bekommt. Anschließend Zitronensaft unterrühren.

ANRICHTEN

1. Mandeln und Cashews grob hacken.
2. Hummus auf Teller oder Schalen verteilen und mit Gochujang-Bohnen toppen.
3. Gericht mit Schwarzkümmel, Mandeln, Cashews, Olivenöl und Kresse garnieren. Zusammen mit Baguette oder Krustenbrot servieren.

Hummus und Chutney passen perfekt zusammen! Hier habe ich ein köstliches Chutney aus den süßsäuerlichen Kumquats mit ihren sanften Bitternoten und aromatischem Garam Masala kreiert.

Perfekt abgerundet wird der Teller mit frisch frittierten, knusprigen Papadam.

KUMQUATS-CHUTNEY & PAPADAM

Für 4 Portionen

FÜR DAS CHUTNEY
2 Knoblauchzehen
4 Schalotten
250 g Kumquats
3 EL Olivenöl
50 ml Apfelessig
50 g Zucker
1 TL Garam Masala
Salz

AUSSERDEM
Papadam-Rohlinge (erhältlich online oder im indischen Supermarkt)
Rapsöl zum Frittieren
Hummus nach Grundrezept (siehe Seite 32)

Zubereitung

CHUTNEY

1. Knoblauch und Schalotten abziehen und grob hacken.
2. Kumquats in kleine Stücke schneiden, dabei eventuell Kerne entfernen.
3. Olivenöl in einer Kasserolle auf mittlerer Stufe erhitzen und Schalotten und Knoblauch darin für etwa 4 Minuten anschwitzen.
4. Kumquats hinzugeben und für 2 Minuten mit anbraten.
5. Die restlichen Zutaten hinzugeben, gut umrühren und für etwa 30–40 Minuten einkochen.
6. Mit Salz abschmecken und in sterile Gläser umfüllen. Eingemacht hält das Chutney bis zu 5–6 Monate. Angebrochen hält es sich etwa 1 Woche im Kühlschrank.

ANRICHTEN

1. Rapsöl in einer Pfanne erhitzen und die Papadam-Rohlinge darin nach Packungsanleitung frittieren. Anschließend auf Küchenpapier abtropfen lassen.
2. Hummus auf Teller verteilen, mit Chutney nach Wunsch toppen und mit Papadam servieren.

Schnell, einfach, aber dennoch kein Fast Food: Diese mit Olivenöl und Sumach marinierten Karotten werden im Ofen gebacken und entwickeln so ein herrlich herzhaft-süßes Aroma. Gemeinsam mit Cashews, süßen Datteln und süßsäuerlichem Granatapfelsirup ergibt dieser Teller eine unfassbar leckere Vorspeise.

Dazu empfehle ich dir etwas knuspriges Baguette.

GERÖSTETE SUMACH-KAROTTEN, KRÄUTER, CASHEWS & DATTELN

Für 4 Portionen

FÜR DIE KAROTTEN
8 Karotten (ca. 450 g)
2 TL Sumach (säuerlich-herbes Gewürz aus den Steinfrüchten des Färberbaums, erhältlich im orientalischen Supermarkt oder online)
40 ml Olivenöl
½ TL Salz

AUSSERDEM
80 g Cashewkerne
10 g frische Minze
10 g frische Petersilie
2 Medjool-Datteln
Hummus nach Grundrezept (siehe Seite 32)
2 EL Granatapfelsirup
Baguette zum Servieren

Zubereitung

KAROTTEN

1. Backofen auf 200 °C Umluft vorheizen.
2. Karotten schälen.
3. Sumach, Olivenöl und Salz miteinander vermengen, die Karotten in der Marinade wenden und anschließend auf ein Backblech geben.
4. Karotten für etwa 15 Minuten im Backofen rösten.

ANRICHTEN

1. Cashewkerne kurz ohne Fettzugabe in einer Pfanne auf hoher Stufe rösten und dabei schwenken, bis es leicht duftet. Anschließend die Cashews direkt aus der Pfanne nehmen.
2. Kräuter und Cashews grob hacken.
3. Datteln gegebenenfalls entsteinen und in Würfel schneiden.
4. Hummus auf Teller verteilen. Karotten darauf platzieren und mit Cashews, Datteln, Kräutern und Granatapfelsirup garnieren. Zusammen mit frischem Baguette servieren.

Wenn du mal schnell und einfach etwas sehr Besonderes für dich und deine Lieben zaubern möchtest, dann ist dieser Teller mit Kartoffelecken aus dem Backofen, fruchtigen Brombeeren und aromatischer Amba-Mango-Sauce genau das Richtige.

Der perfekte Bissen wäre hier, von allem etwas auf der Gabel zu haben.

KARTOFFELECKEN, AMBA & BROMBEEREN

Für 4 Portionen

FÜR DAS AMBA
150 g Mango (nur Fruchtfleisch, z. B. TK. Falls TK, aufgetaut)
½ TL Bockshornkleesamen
½ TL Senfsamen
½ Knoblauchzehe
15 ml frisch gepresster Zitronensaft
1 EL Olivenöl
1 TL Kurkumapulver
½ TL gemahlene Kreuzkümmelsamen
1 TL Harissapaste (erhältlich im orientalischen Supermarkt oder online)
1 EL Rotweinessig
Salz

FÜR DIE KARTOFFELN
500 g vorwiegend festkochende Bio-Kartoffeln
2 EL Olivenöl
1 TL gemahlene Kreuzkümmelsamen
1 TL Paprikapulver
½ TL gemahlener Zimt
½ TL Salz

AUSSERDEM
1 kleine rote Zwiebel
Hummus nach Grundrezept (siehe Seite 32)
100 g Brombeeren (falls TK, aufgetaut)

Zubereitung

AMBA
1. Mango gegebenenfalls schälen und das Fruchtfleisch vom Kern schneiden.
2. Bockshornklee- und Senfsamen kurz in einer Pfanne ohne Öl anrösten.
3. Knoblauch abziehen.
4. Alle Zutaten für das Amba vermischen und pürieren. Anschließend in ein verschließbares Glas geben. Frisch zubereitetes Amba ist etwa 5 Tage im Kühlschrank haltbar.

KARTOFFELN
1. Backofen auf etwa 200 °C Umluft vorheizen.
2. Kartoffeln waschen und in fingerdicke Spalten schneiden.
3. Kartoffelecken mit Olivenöl, Kreuzkümmel, Paprika und Zimt vermengen und auf einem Backblech verteilen.
4. Kartoffelspalten im Backofen für etwa 20–25 Minuten knusprig backen.

ANRICHTEN
1. Zwiebel abziehen und fein würfeln.
2. Hummus auf Teller verteilen und Kartoffelspalten daraufgeben. Amba dazu servieren und mit Brombeeren und Zwiebelwürfeln garnieren.

Für dieses Topping habe ich mich vom levantinischen Brathähnchen namens Musakhan inspirieren lassen. Das Brathähnchen wird mit geschmorten Zwiebeln und reichlich Sumach zubereitet. Das Hähnchen habe ich weggelassen, dafür aber die liebste Beere der Libanesen hinzugefügt: die Maulbeere. In getrockneter Form schmecken die Beeren wie eine Mischung aus Rosinen und Feigen.

Libanesisches Fladenbrot eignet sich wunderbar zum Leerputzen dieses Tellers.

KARAMELLISIERTE ZWIEBELN, SUMACH & MAULBEEREN

Für 4 Personen

FÜR DIE ZWIEBELN
4 Zwiebeln
80 ml Olivenöl
1 TL Salz
30 g getrocknete Maulbeeren
2 EL Sumach (säuerlich-herbes Gewürz aus den Steinfrüchten des Färberbaums, erhältlich im orientalischen Supermarkt oder online)
2 TL Isot Biber (erhältlich online oder im türkischen Supermarkt)
25 g Pinienkerne
1 EL Granatapfelsirup

AUSSERDEM
15 g frische glatte Petersilie
Hummus nach Grundrezept (siehe Seite 32)
Olivenöl, nach Belieben
libanesisches Fladenbrot zum Servieren

Zubereitung

ZWIEBELN

1. Zwiebeln abziehen und in Ringe schneiden.
2. Olivenöl in einer Pfanne auf hoher Stufe erhitzen und Zwiebeln mit Salz darin für etwa 5 Minuten anbraten.
3. Maulbeeren grob hacken.
4. Herd auf mittlere Stufe stellen und Sumach, Isot Biber, Maulbeeren und Pinienkerne hinzugeben und für weitere 7 Minuten karamellisieren lassen.
5. Granatapfelsirup unterheben.

ANRICHTEN

1. Petersilie grob hacken.
2. Hummus auf Teller oder Schalen verteilen und mit karamellisierten Zwiebeln toppen.
3. Nach Belieben mit Olivenöl beträufeln und mit Petersilie garnieren. Direkt frisch mit libanesischem Fladenbrot servieren.

SMACKED CUCUMBER SALAD

Für 4 Portionen

FÜR DAS HUMMUS MIT ROTER BETE
200 g gekochte Kichererbsen
150 g Rote Bete, gekocht
½ TL Backpulver
1 Knoblauchzehe
5 EL frisch gepresster Zitronensaft
8 EL Tahini
½ TL gemahlene Kreuzkümmelsamen
Salz

Zubereitung

HUMMUS MIT ROTE BETE

1. Kichererbsen in einen kleinen Topf füllen, mit reichlich Wasser bedecken und mit dem Backpulver aufkochen lassen. Dann für etwa 25 Minuten köcheln lassen.
2. Topf vom Herd nehmen und kaltes Wasser in den Topf laufen lassen. Etwas Wasser abschütten und wieder mit kaltem Wasser auffüllen, bis die Temperatur lauwarm ist. Anschließend mit der Hand die Kichererbsen im Wasser rühren, Topf kippen und Wasser aus dem Topf fließen lassen, um die abgelösten Schalen der Kichererbsen abzugießen. Immer wieder kaltes Wasser in den Topf laufen lassen, umrühren und wieder abgießen, bis alle sichtbaren Schalen entfernt sind.
3. Knoblauch abziehen.
4. Kichererbsen abseihen und mit Knoblauch, Zitronensaft, Tahini, Kreuzkümmel, Salz und Roter Bete in einen Mixer oder eine Schüssel geben. Mit dem Mixer oder Stabmixer fein pürieren.

Diese Hummus-Version ist mit dem herrlich erdigen Geschmack von Roter Bete aromatisiert. Nicht nur geschmacklich ist dieses Hummus ein absoluter Traum, sondern es bietet auch fürs Auge einen schönen Kontrast zum würzigen Gurkensalat. Dieser trumpft mit den Aromen von Sojasauce, Chili, Reisessig, Knoblauch, Sesam und dem leichten Kribbeln von Szechuan-Pfeffer auf.

Du kannst den Teller einfach mit einer Gabel leer putzen. Wenn du möchtest, könntest du noch ein, zwei Scheiben knusprig getoastetes Sauerteigbrot dazunehmen.

FÜR DEN SALAT
4 Mini-Gurken
½ TL Salz
1 Knoblauchzehe
¼ TL Szechuan-Pfeffer
1 EL Sesamsamen
2 EL Sojasauce
½ TL Zucker
1 EL Reisessig
1 EL Sesamöl
2 TL Pul Biber oder Chiliflocken
1 Frühlingszwiebel

AUSSERDEM
Sauerteigbrot, getoastet, zum Servieren (optional)

GURKENSALAT

1. Gurkenenden abschneiden und Gurken vorsichtig mit einem breiten Messer oder mit einem Nudelholz platt schlagen. Die Gurken müssen richtig aufbrechen.
2. Gurken in mundgerechte Stücke schneiden.
3. Gurkenstücke in eine Schale geben und mit Salz gut vermengen, anschließend für etwa 10–15 Minuten stehen lassen.
4. Währenddessen Knoblauch abziehen, ebenfalls mit einem Messer oder Nudelholz platt schlagen und danach in kleine Stücke schneiden beziehungsweise brechen.
5. Szechuan-Pfeffer im Mörser leicht zerstoßen.
6. Sesam ohne Fettzugabe in einer Pfanne auf hoher Temperatur kurz anrösten, bis es duftet. Anschließend direkt vom Herd nehmen.
7. Knoblauch mit Sesam, Sojasauce, Zucker, Reisessig, Sesamöl, Pul Biber (ersatzweise Chiliflocken) und Szechuan-Pfeffer vermengen.
8. Gurken nach der Ruhezeit abseihen, in die Marinade geben und alles gut miteinander vermengen.
9. Frühlingszwiebel in Ringe schneiden.

ANRICHTEN

Hummus auf Teller oder Schalen verteilen. Mit Gurkensalat und Frühlingszwiebelringen toppen. Auf Wunsch mit Sauerteigbrot servieren.

MISO-SPITZKOHL & PINIENKERN-PFEFFER-PESTO

Für 4 Portionen

FÜR DEN SPITZKOHL
1 Spitzkohl
70 g helle Misopaste
2 EL frisch gepresster Zitronensaft
60 ml Olivenöl

FÜR DAS DRESSING
35 g Pinienkerne
1 unbehandelte Limette
8 g eingelegte grüne Pfefferkörner
Salz
50 ml Olivenöl

AUSSERDEM
1 Frühlingszwiebel
Hummus nach Grundrezept (siehe Seite 32)
1 TL Schwarzkümmelsamen

Zubereitung

SPITZKOHL

1. Spitzkohl vorsichtig vierteln, den Strunk herausschneiden, waschen, gut trocknen und auf ein mit Backpapier ausgelegtes Blech legen.
2. Backofen auf 200 °C Ober-/Unterhitze vorheizen.
3. Misopaste mit Zitronensaft und Olivenöl zu einer Marinade vermengen und die Schnittflächen des Kohls damit bestreichen. Marinade komplett aufbrauchen, sie fließt in die Schichten des Kohls hinein.
4. Spitzkohl für etwa 20–25 Minuten im Backofen backen.

DRESSING

1. Pinienkerne ohne Fettzugabe in einer Pfanne auf hoher Stufe so lange rösten, bis es duftet und die Kerne etwas Farbe angenommen haben. Anschließend direkt vom Herd nehmen und in einen Mörser geben.
2. Limette abwaschen, trocknen und Schale fein abreiben. Schale mit in den Mörser geben.
3. Salz und grünen Pfeffer ebenfalls hinzugeben und alles zu einer groben Paste zerstoßen.
4. Limette auspressen.
5. Olivenöl und 3 EL Limettensaft hinzugeben und vermengen.

ANRICHTEN

1. Frühlingszwiebel in Ringe schneiden.
2. Hummus auf Teller verstreichen und den Kohl daraufsetzen.
3. Dressing über Hummus und Kohl verteilen.
4. Mit Frühlingszwiebeln, Schwarzkümmel und etwas Olivenöl nach Geschmack garnieren. Noch warm servieren.

In Japan probierte ich das erste Mal die Gewürzpaste Koshō, die aus Yuzu, Salz und Pfeffer zubereitet wird. Der Geschmack ist einerseits fruchtig, andererseits aber auch salzig, leicht säuerlich und scharf. Inspiriert von der japanischen Paste kam mir die Idee für eine Art Pesto aus Limette, Pinienkernen, Olivenöl und grünen Pfefferkörnern, das sehr gut sowohl zum Hummus als auch zum mit Misopaste aromatisierten Spitzkohl passt.

Für dieses Gericht benötigst du kein Brot – du kannst einfach den gebackenen Spitzkohl durch das Hummus ziehen.

Herrlich mild und aromatisch: Die Paprika wird erst im Backofen gegart und anschließend mit Knoblauch in Olivenöl aromatisiert. Das Gericht lässt sich gut vorbereiten und kann sowohl als kleine Hauptspeise oder zum Teilen als Vorspeise serviert werden.

Dazu empfehle ich dir fluffiges Pitabrot oder knuspriges Baguette.

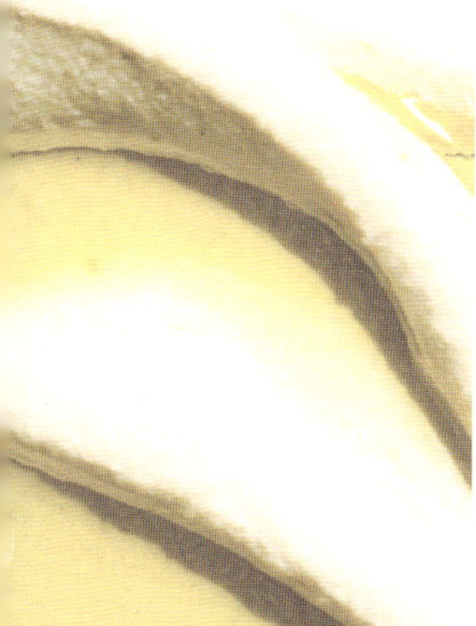

Zubereitung

1. Die Kichererbsen in einen kleinen Topf füllen, mit reichlich Wasser bedecken und mit dem Backpulver aufkochen lassen. Für etwa 25 Minuten köcheln lassen.

2. Topf vom Herd nehmen und kaltes Wasser in den Topf laufen lassen. Etwas Wasser abschütten und wieder mit kaltem Wasser auffüllen, bis die Temperatur lauwarm ist. Anschließend mit der Hand die Kichererbsen im Wasser rühren, Topf kippen und Wasser aus dem Topf fließen lassen, um die abgelösten Schalen der Kichererbsen abzugießen. Immer wieder kaltes Wasser in den Topf laufen lassen, umrühren und wieder abgießen, bis alle sichtbaren Schalen entfernt sind.

3. Die Kichererbsen abseihen und mit Knoblauch, Zitronensaft, Tahini, Kreuzkümmel, Salz und etwa 60–70 ml kaltem Wasser in einem Mixer oder mit einem Stabmixer fein pürieren.

HUMMUS – DAS GRUNDREZEPT

Für 4 Portionen

200 g vorgekochte Kichererbsen (aus der Dose/Glas)
½ TL Backpulver
1 Knoblauchzehe
30 ml Zitronensaft, frisch gepresst
100 g Tahini
½ TL Kreuzkümmel, gemahlen
Salz
Olivenöl zum Servieren

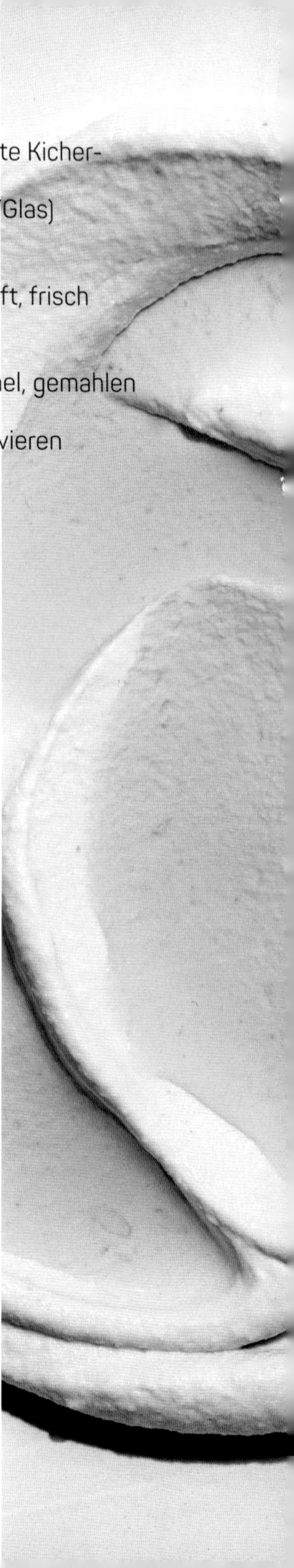

EINGELEGTE PAPRIKA, FRÜHLINGSZWIEBELN & TAHINICREME

Für 4 Portionen

FÜR DIE PAPRIKA
2 rote Paprika
150 ml Olivenöl plus etwas mehr zum Bestreichen
Salz
1 Knoblauchzehe
1 Einmachglas, steril

TAHINICREME
35 g Tahini
15 ml frisch gepresster Zitronensaft
Salz

AUSSERDEM
1 Frühlingszwiebel
Hummus nach Grundrezept (siehe Seite 32)
1 EL Sesamsamen
Pita oder Baguette zum Servieren

Zubereitung

EINGELEGTE PAPRIKA

1. Backofen auf 225 °C Ober-/Unterhitze vorheizen.
2. Paprika vierteln, entkernen und Strunk entfernen.
3. Paprika mit etwas Olivenöl bestreichen, mit Salz würzen und im Backofen für etwa 25 Minuten auf der obersten Schiene backen. Anschließend in eine Schale geben und abgedeckt komplett abkühlen lassen.
4. Haut der abgekühlten Paprika abziehen.
5. Knoblauchzehe abziehen und in feine Scheiben schneiden.
6. Olivenöl in eine tiefe Pfanne oder einen kleinen Topf geben.
7. Knoblauch und gebackene Paprika hineingeben und für etwa 10 Minuten auf niedriger bis mittlerer Stufe erhitzen.
8. Zur Aufbewahrung Paprika, Knoblauch und Öl in ein steriles Glas oder eine Frischebox geben und direkt verschließen. Für die direkte Verwendung entfällt dieser Schritt.

TAHINICREME

1. Tahini mit 30 ml Wasser, Zitronensaft und Salz zu einer glatten, flüssigen Creme verquirlen.

ANRICHTEN

1. Frühlingszwiebel in feine Ringe schneiden.
2. Hummus auf Teller verteilen, darauf die Paprika mit etwas von dem aromatisierten Öl geben.
3. Frühlingszwiebel darauf verteilen, mit Tahnicreme toppen und mit Sesam garnieren. Mit Baguette oder Pita servieren.

Perfekt als Snack oder Vorspeise geeignet: Diese Panko-Oliven sind knusprig und saftig zugleich. In Kombination mit cremigem Hummus und würzigem Chili Crisp entsteht ein sagenhaft köstlicher Teller.

PANKO-OLIVEN & CHILI CRISP

Für 4 Portionen

FÜR DIE OLIVEN
1 Ei
20 g Weizenmehl Type 405
15 g Speisestärke
1 TL Kreuzkümmelsamen
50 g feines Panko-Paniermehl
200 g eingelegte Oliven mit Mandelfüllung
Pflanzenöl zum Frittieren nach Bedarf

AUSSERDEM
Hummus nach Grundrezept (siehe Seite 32)
1–2 EL Chili-Crunch-Öl (siehe Seite 84)

Zubereitung

1. Panierstraße aufbauen: Ei in eine kleine Schale aufschlagen und verquirlen. Mehl, Stärke und Kümmel in einer anderen Schale miteinander vermengen. Panko in eine dritte Schale geben. Sollte das Panko sehr grob sein, einfach etwas mit der Hand zerkrümeln.
2. Oliven erst in der Mehlmischung wenden, dann in Ei tunken und anschließend mit Panko panieren. Dazu kannst du einen Zahnstocher zu Hilfe nehmen.
3. Ausreichend Öl in einem Topf auf etwa 170 °C erhitzen. Panierte Oliven für ein paar Sekunden im heißen Öl frittieren, bis sie goldbraun und knusprig sind. Anschließend auf einen Teller mit Küchenpapier geben und leicht abkühlen lassen.

ANRICHTEN

Hummus auf Teller verteilen. Mit frittierten Oliven belegen und mit Chili Crisp garnieren.

REGISTER

VG: Vegan
VT: Vegetarisch
F: Fisch

Auf meinem Blog findest du weitere Rezepte:

ÜBER DEN AUTOR

Rafik ist Foodblogger, Rezeptentwickler, Foodstylist sowie Fotograf und Videograf. Er bloggt seit 2016 auf bistrobadia.de Rezepte und Geschichten aus der Levante und von seiner Familie. In Beirut geboren und in der Lüneburger Heide aufgewachsen, werkelt er nun in seiner Wahlheimat Düsseldorf an neuen Rezeptideen für sich und seine Kunden. Seinen Foodblog benannte er nach seiner Mutter Badia, die ihn mit ihrer Leidenschaft für Kochen und gutes Essen inspirierte. Rafik stellt auf seinem Blog aber nicht nur die klassischen Rezepte der Familie vor, sondern blickt auch gerne über den Tellerrand und experimentiert viel mit den Zutaten und Aromen der Levante, um köstliche neue Variationen zu schaffen. In seinem neuen Buch widmet sich der Levante-Experte nun ganz dem Hummus und stellt unerwartete Geschmackskombinationen vor.

IMPRESSUM

Texte, Rezepte und Fotografie: Rafik Halabi
Foodstyling: Rafik Halabi & Lara-Morgaine Böttcher
Produktmanagement: Stefanie Gückstock, Raphaela Lechner
Redaktion: Birgit Schneck
Layout: Marcus Taeschner, a flock of sheep
Umschlaggestaltung: Dominik Günzinger
Repro: LUDWIG:media
Herstellung: Elke Mader
Printed in Poland by CGS Printing

Bildnachweis: Alle Bilder im Innenteil und auf dem Umschlag stammen vom Autor, ausgenommen das Autorenportrait von Nils Hofmann.

★★★★★

Sind Sie mit diesem Titel zufrieden? Dann würden wir uns über Ihre Weiterempfehlung freuen.

Erzählen Sie es im Freundeskreis, berichten Sie Ihrem Buchhändler oder bewerten Sie bei Onlinekauf. Und wenn Sie Kritik, Korrekturen, Aktualisierungen haben, freuen wir uns über Ihre Nachricht an

Christian Verlag, Postfach 40 02 09, D-80702 München oder per E-Mail an lektorat@verlagshaus.de

Unser komplettes Programm finden Sie unter

www.christian-verlag.de

Die Deutsche Nationalbibliothek verzeichnet diese Publikation in der Deutschen Nationalbibliografie; detaillierte bibliografische Daten sind im Internet über http://dnb.d-nb.de abrufbar.

Alle Angaben dieses Werkes wurden vom Autor sorgfältig recherchiert und auf den neuesten Stand gebracht sowie vom Verlag geprüft. Für die Richtigkeit der Angaben kann jedoch keine Haftung übernommen werden, weshalb die Nutzung auf eigene Gefahr erfolgt. Sollte dieses Werk Links auf Webseiten Dritter enthalten, so machen wir uns die Inhalte nicht zu eigen und übernehmen für die Inhalte keine Haftung.

© 2025 Christian Verlag GmbH
Infanteriestraße 11 a
80797 München

Alle Rechte vorbehalten.

ISBN: 978-3-95961-959-2

Ebenfalls erhältlich ...

ISBN 978-3-95961-810-6

125 aromenreiche Rezepte rund um das östliche Mittelmeer: Klassiker und neue Ideen.

CHRISTIAN

www.christian-verlag.de